痩せ細胞を活性化！

首・肩ラク痩せストレッチ

「整体院 悠」院長
大山裕也

マイナビ

はじめに

痩せるためには1万歩歩かなくてはいけない！
ぽっこりお腹を解消するためには腹筋を頑張らなくては!!

もしかしてそんな風に思い込んでませんか？
もちろんそれも非常に大切な要素であることは間違いないし、否定するつもりもありません。

ただ、ひとつ知っておいてほしいのは、あなたが太りやすくなったり、老けやすくなったりしたのはあなたの責任ではないということ。忙しい日常生活の中で、ちょっとずつ体の中にある非常に重要なひとつの細胞がサボっているのが原因なのです。

それが『ミトコンドリア』という痩せ細胞です。

僕は、病院勤務でリハビリテーションを約7年間行っていました。その間、年齢を重ねていても若々しくスタイルのいい患者と、そうではない患者の違いについて考えていました。調べるうちにわかった答えが、「痩せ細胞を活性化できているかどうか」でした。

そこで、ひとりひとりにオーダーメイドで施術やセルフケアを伝えることができる独立開業という道を選び、京都市伏見区で「整体院　悠」を開業しました。

本書で紹介している「痩せ細胞を活性化するためのセルフケア」は、実際に患者へ対して指導しているセルフケアをそのままぎゅっと詰め込んだ内容です。本書のタイトルには動画を見るためのＱＲコードがついています。読み取っていただければ該当するＹｏｕＴｕｂｅ動画を見ることができます。

ＹｏｕＴｕｂｅチャンネルでは、本書では紹介しきれていない、あなたに適したセルフケアもあると思いますのでぜひそちらもチェックしてみてくださいね。

あなたの健康に少しでも本書を役立てて頂けると幸いです。

「整体院　悠」院長　**大山　裕也**

▸▸▸ https://www.youtube.com/@yu.seitai/featured **YouTube**

ゆう先生の セルフ整体塾

【京都の整体院悠】

７年間の病院勤務後、京都市伏見区で「整体院 悠」を開業。
YouTube チャンネルを開設し、健康や美容に関するセルフ整体を紹介。
チャンネル登録者数は54万人を超え、全国からの体の悩みに応えている。

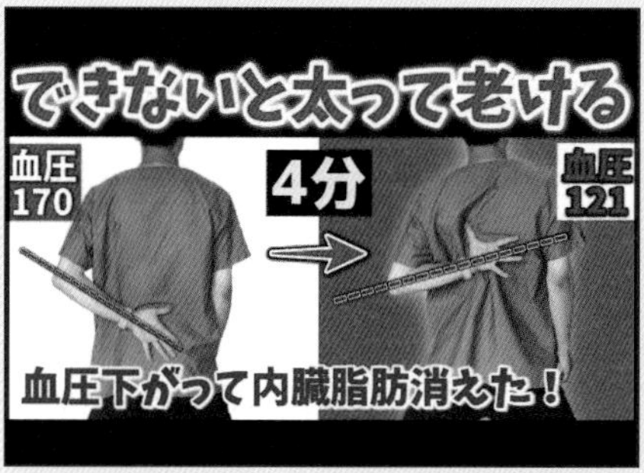

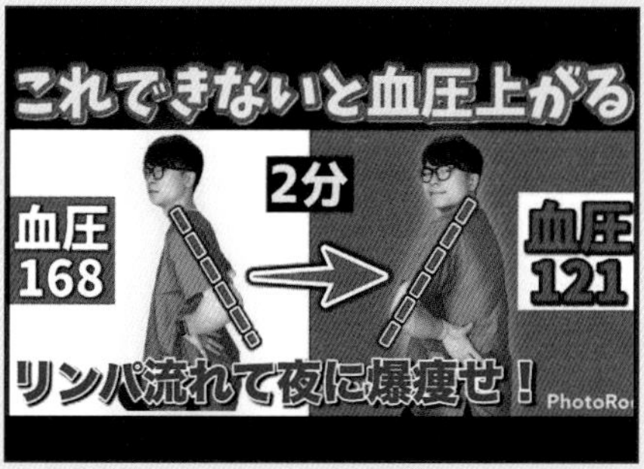

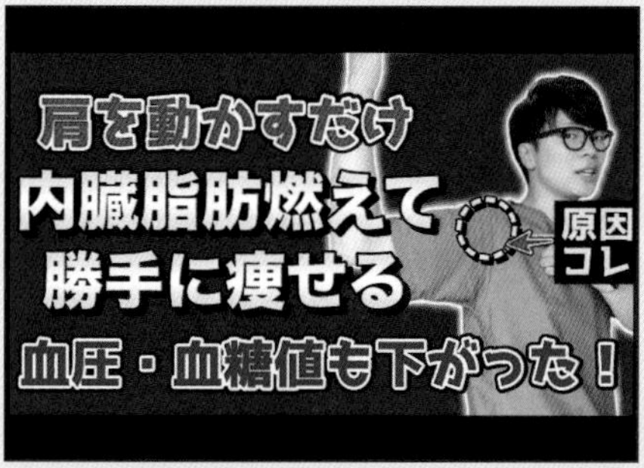

contents

第2章 正しい姿勢と痩せ体質テスト

第3章 痩せ体質に導くストレッチ

第4章 痩せ体質へ導く10の新習慣

痩せ体質を作る新習慣

注意事項

- 本書の情報はすべて2023年３月現在のものです。
- タイトルのQRコードで該当のYouTubeページに飛べるようになっています。YouTubeのタイトルと本のタイトルはわかりやすくするため異なっています。
- YouTubeの動画と本書に掲載した内容は異なることがあります。
- 本書に記載している内容の効果は100%保証するものではございません。
- 本書で紹介する方法やストレッチ法で症状の改善がみられない、または悪化する場合はすみやかに中止し、専門の医師の診断を受けてください。

第1章

姿勢と痩せ細胞の関係

八瀬《やせ》 太子《たいこ》 46歳
今 絶望している
サウナ
運動
食事制限
ぐー
にも かかわらず!
体重計 微動だにせず
しーん!
カフェにて
年だからかな〜 若い頃はすんなり 減ってた体重が 全然減らないの!
やばいな〜 今年同窓会が あるんだよね
…って みちこ なんか 痩せてない?
ビフォア
同い年よね!?
それは「痩せ細胞」を 活性化させる ストレッチを 始めたからかな
??
痩せ…細胞?
ナニソレ

ゆう先生のセルフ整体、おすすめだよ！
あったこれか…
ストレッチなんかで痩せるとは思えないけど…
今は藁《わら》にもすがりたい！
はいどーも痩せない体の救世主
整体師のゆう先生です！
えーっ
若い頃と同じようにダイエットしても痩せづらい
他の子と同じようにダイエットしても痩せづらい
それはミトコンドリアの機能の差です
ミトコンドリア…？
はい、細胞内にあるエネルギーを生産する器官ですね

ミトコンドリアの働きが弱まったり、数が減ったりすると「基礎代謝」が落ちます
そうすると、同じように運動しても痩せづらい体になってしまいます
低燃費
そんな…どうしたらいいの!?
逆に
ミトコンドリアを活性化させるストレッチをすれば、基礎代謝が上がって痩せるのはもちろん
「痩せ体質」を手に入れることができます!
ゴゴゴー
「基礎代謝」はふだんの生活で消費されるカロリーなので運動よりもまずこれを上げるのがダイエットの近道です
教えてくださいーー!
やります!

まずはこれできますか?
1日
ひじ持ち上げテスト
内臓や筋肉の機能を正常化しましょう!
ひじ後ろ開きテスト
首動作テスト
できない〜!
さらに姿勢も正しくしたら体の可動域が広がります
5日
無理は禁物
えっ
ストレッチしやすい!
とくに上半身のストレッチを意識しましょう
8日
携帯の見過ぎでストレートネックになっていませんか!? 肩こりは太りやすくなるだけでなく老け顔の元でもありますよ!
座ったままでもできる〜
28日
かんたん!
テレビみながらストレッチ!
いつでもどこでもストレッチ!
31日
ツボ押し!
きもちいい〜

胃腸、筋肉にあった痩せやすい食事のコツも教えちゃう！
胃酸を薄めない！
食事中は水は×
たんぱく質を要領よく摂取して！
ギリシャヨーグルト
私、いろいろ間違ってたー！
だよねー
そして数ヶ月後…
冷え症だったのにぽかぽかしてる！
「痩せ体質」に近づいた証拠です！
やったネ
さんざんダイエットしても減らなかった体重が…
DOWN
減ってきたー！
同窓会当日

いや〜
みんな
太ったね〜
ワイワイ
しょうがないよ、
年とったら
みんな
久しぶり〜！
太子…!?
スラ〜
どうして
そんなに
スリムなの!?
ずる〜い
それは
ミトコンドリアの
おかげかな？
ミトコン…？
それはね…
詳しい秘訣は
本文で！

ミトコンドリアに注目して「痩せ体質」を手に入れよう！

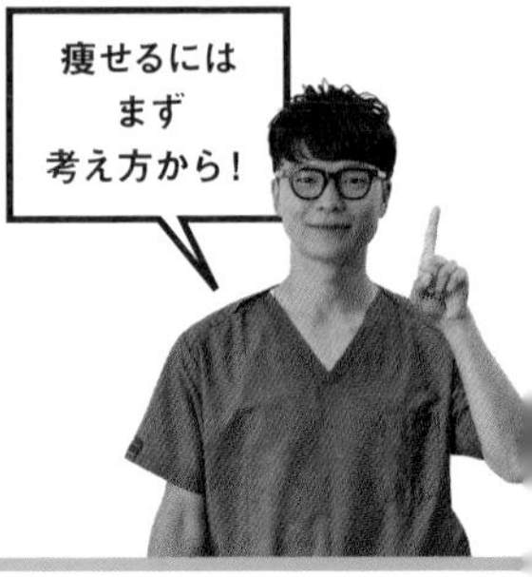

基礎代謝を上げるにはミトコンドリアがカギ！

痩せたいからと、食事を減らしたり、無理な運動をしたりするのはNG。一時的に体重が減ったとしても、リバウンドする恐れがあります。また、継続が難しい上に、体調を崩してしまったりとデメリットも多く、おすすめできません。

健康的に、そして効率的に「痩せたい」と思うなら、筋肉などの細胞内に存在するミトコンドリアを活性化させることがポイントです。

人間の体は37兆個もの細胞の集まりですが、ミトコンドリアはその細胞ひとつひとつに含まれている微小器官です。このミトコンドリアには、エネルギーを生産する役割があります。ミトコンドリアをとくに大量に含んでいるのが筋肉。筋肉を刺激してミトコンドリアを活性化すれば、基礎代謝が上がり、脂肪が燃えやすい「痩せやすい体」になるのです。

逆にミトコンドリアの働きが弱まったり、数が減少したりすると、基礎代謝が低くなり、太りやすい体になります。

基礎代謝は運動時だけでなく、日常生活で消費されるカロリーなので、一時的に運動を頑張るよりも、ミトコンドリアを活性化して基礎代謝を高めたほうが、痩せやすくなるのです。

このような状態を維持できる「痩せ体質」を手に入れられれば、健康的に痩せられます。

痩せやすい体質

ミトコンドリアの活性化で基礎代謝が上がると、自然と痩せるサイクルになります。

ミトコンドリアが活性化

▼

エネルギー生産量 UP

▼

基礎代謝が上がる

▼

脂肪が燃焼

▼

痩せる

太りやすい体質

ミトコンドリアの機能低下は加齢もひとつの要因。中高年になると、より太りやすくなります。

ミトコンドリアの機能低下

▼

エネルギー生産量 DOWN

▼

基礎代謝が下がる

▼

脂肪燃焼されない

▼

太る

痩せるためには上半身へのアプローチが大切！

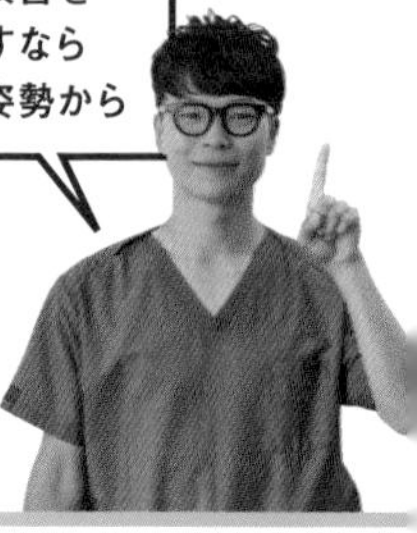

姿勢の崩れが「太る」を招きやすくなる

長時間スマホやパソコンの画面に集中することで姿勢が崩れたり、猫背や反り腰などの悪い姿勢が定着していたりしませんか。

姿勢の崩れは、骨格が歪んだり、内臓の位置がずれて正しく機能しなくなったりなど、太りやすい状態を招きます。

筋肉を使わない状態が続くと、ミトコンドリアの機能も低下し、おのずと基礎代謝も下がるため、ますます太りやすくなっていきます。このような状態では、いきなり運動を取り入れても、脂肪はなかなか落ちません。まずは、姿勢を正しくして内臓や筋肉の機能を正常化することが大切です。

姿勢が正しくなると、体の可動域が広がるだけでなく、消化機能が改善したり、自律神経が整ったりと、本来の体の機能が戻り、痩せやすい状態に近づきます。

姿勢の崩れを正したら、次は筋肉内のミトコンドリアへアプローチをします。運動習慣のない人は、筋トレなどハードな運動よりも、ストレッチで、こりかたまった筋肉をほぐすことから始めましょう。とくに、姿勢を支えている肩甲骨や背中、首まわりなど、上半身の筋肉へ働きかけるのがおすすめです。首や肩のこりがすっきりして、疲れ解消にもつながります。

こんな状態の人は要注意！

ストレートネック

本来はカーブしている頸椎が、まっすぐになっている状態。「スマホ首」とも呼ばれます。

巻き肩

左右の肩が内側に入り込んでいる状態。呼吸が浅くなり、睡眠の質が下がります。

肩こり

慢性的に肩や首にコリのある人は、筋肉がかたくなり血行不良になっています。

姿勢と「太る」の３つの関係

1

血流とリンパの流れが悪くなる

血液の流れが悪いと栄養を体の隅々まで運べなくなります。また、リンパの流れが悪いと老廃物の回収ができません。脂肪や糖の燃焼も鈍り、太りやすい状態になってしまいます。

2

内臓の働きが悪くなる

内臓が弱って働きが鈍ると、食べ物をしっかりと消化できなかったり、栄養の吸収が悪くなったりします。消化酵素の働きも鈍り、太る原因に。また、腸内環境が悪いと脂肪も蓄積しやすくなります。

3

呼吸が浅くなる

呼吸が浅いと酸素の取り込みが減り、血液の巡りが悪くなります。代謝も落ちて太りやすい状態に。また、自律神経の働きが乱れ、睡眠の質が低下して疲れがたまりやすくなります。

あなたの暮らしは太りやすい？

痩せ体質チェックリスト

1 □ 痩せるためには炭水化物を抜いたほうがいいと考えている

2 □ 食べる時間が定まっていない

3 □「食べるスピードが早い」と言われることがある

4 □ 湯船につからずシャワーですませることが多い

5 □ スマートフォンを見るときに下を向きがち

6 □ 冷たいドリンクが好き

7 □ 歯磨きは食後1時間以上あとに行う

8 □ 外出はあまり好きではない（インドア派）

9 □ 足を組むクセがある

10 □ できるなら運動はしたくない

5つ以上チェックがついたら危険です！

太りやすさを加速させる自律神経の乱れを止めよう！

基礎代謝には自律神経も関わっている

自律神経には、心臓や内臓の働き、血流や体温の調節など、自分の意思ではコントロールできないことを調整する役割があり、基礎代謝とも大きく関わっています。

運動などでミトコンドリアを活性化させて痩せやすい体にしようと努力しても、自律神経が乱れていては意味がありません。

自律神経が正しく機能するためには、規則正しい生活やメンタルの安定が必須。108ページからを参考に、生活習慣を見直して自律神経を整える努力をしましょう。

自律神経はバランスが大事

副交感神経

体を休める状態にする神経。心拍数を下げ、瞳孔を閉じ、血管を拡張させたりして、リラックス時に優位になります。

- **心拍数を下げる**
- **血管を拡張させる**
- **筋肉を弛緩させる**
- **胃腸の働きを活発にする** など

交感神経

活動時に働く神経で、心拍数を上げたり、瞳孔を開いたり、血管を収縮させたりします。主に日中に優位になり、緊張すると活性化します。

- **心拍数を上げる**
- **血管を収縮させる**
- **筋肉を緊張させる**
- **胃腸の働きを抑制する** など

痩せ体質になるための ストレッチでの注意点

運動中は体のサインに意識を傾けよう

本書で紹介するストレッチは、筋肉を動かしてミトコンドリアを活性化させ、基礎代謝を高めるのが目的です。そのためには、ただ体を動かすよりも、どの筋肉にアプローチしているのかを意識しながら動かすのがポイントです。

また、ストレッチが終わる頃には、体の内側から温まってくる感覚があるはず。これは、ミトコンドリアがエネルギーを生み出し、脂肪が燃焼されているサインだと受け取ってください。この感覚を目安にしてストレッチすることで、理想の「痩せ体質」に近づけるでしょう。

ストレッチ後に **体がぽかぽかしてくる** のが大切！

ストレッチ後に体の内側からぽかぽかと熱くなってくる感覚があれば、ミトコンドリアが活性化したサイン。くり返すことで、基礎代謝が上がり、徐々に痩せやすい体質になっていきます。

ストレッチ中のポイント

POINT 1 息を吐きながら行う

ストレッチで筋肉を伸ばすとき、息を吐くと副交感神経に働いて筋肉がゆるみます。すると、より伸ばしやすくなり効果が高まります。伸ばす動作では息を吐きましょう。

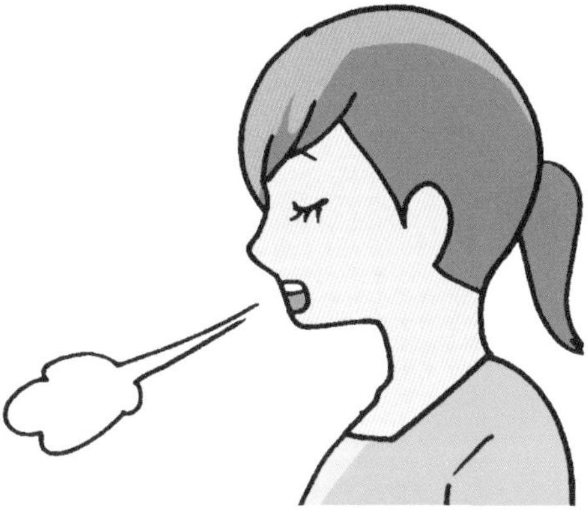

POINT 2 伸びているところを意識する

どの筋肉を伸ばしているのかを意識しながら行うようにします。ピンポイントに意識を向けることで、より正確に筋肉へアプローチできます。

POINT 3 我慢して行うのはダメ！

可動域は徐々に広がっていきます。体のかたいうちは、無理をして痛みを我慢したりしないでください。気持ちいいと感じる程度に行いましょう。

痩せるためにはここを活性化!

アプローチしたい筋肉

本書のストレッチで紹介する筋肉の位置を把握しておきましょう。

【棘下筋《きょくかきん》】

肩甲骨と上腕骨をつなぐ筋肉。肩を上げたりねじったりする動きに使います。

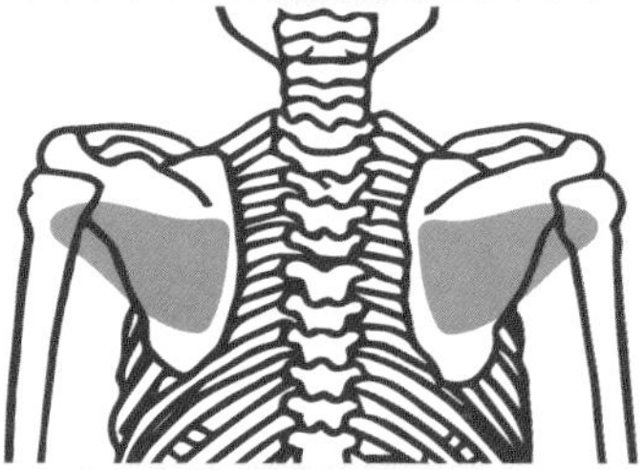

【菱形筋《りょうけいきん》】

首の後ろの骨の出っぱりあたりから、肩甲骨の内側にかけてついている筋肉。

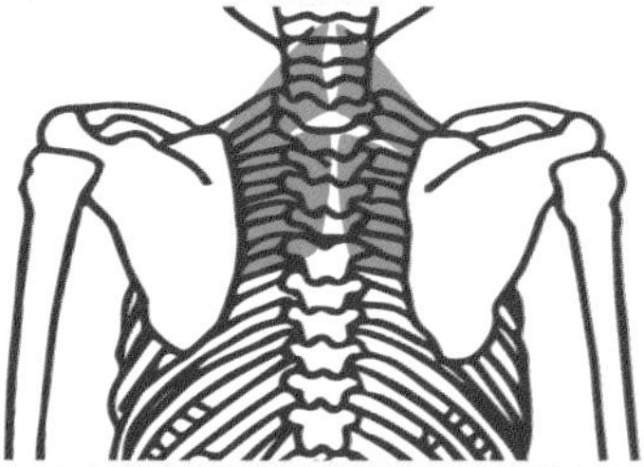

【広頚筋《こうけいきん》】

首の下あごから鎖骨のあたりまでを広く覆っている筋肉。

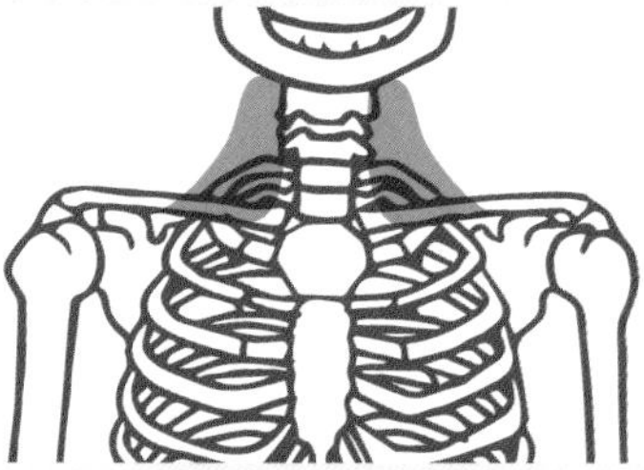

【長掌筋《ちょうしょうきん》】

親指と小指の指先を合わせて手首を手前に曲げたとき、手首のあたりに腱が浮き出る部分。

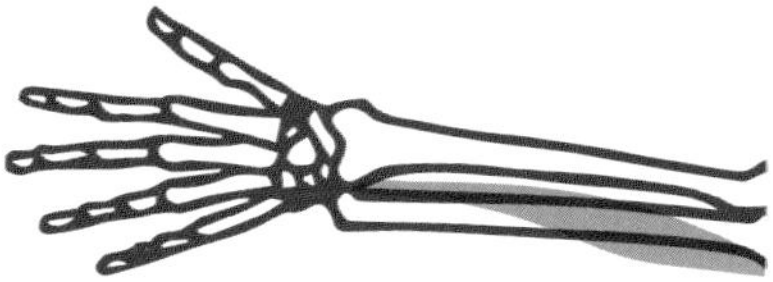

【肩甲挙筋《けんこうきょきん》】

頸椎と肩甲骨をつないでいる筋肉。肩甲骨を引き上げるときに使います。

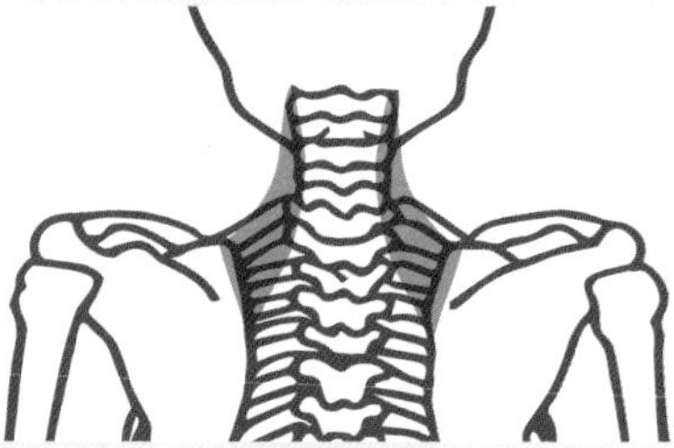

【肩甲下筋《けんこうかきん》】

肩甲骨の裏側から上腕にかけてついている筋肉。肩関節をひねる動作に使います。

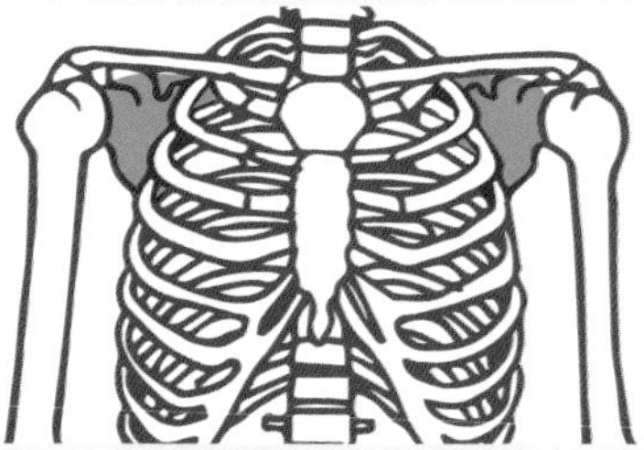

【斜角筋《しゃかくきん》】

首と肋骨あたりをつなぐ筋肉。呼吸時に肋骨の上げ下げを補助します。

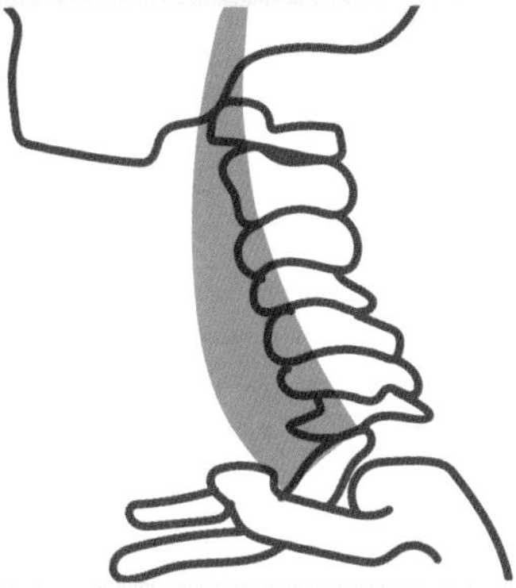

【胸鎖乳突筋《きょうさにゅうとつきん》】

耳の後ろから鎖骨の内側へ、縦に伸びている筋肉。

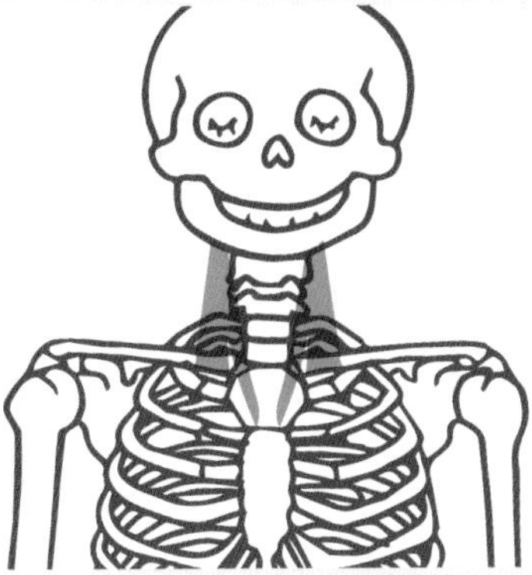

【小胸筋《しょうきょうきん》】

肩から胸にかけてを斜めにつなぐ筋肉。肩甲骨を下へ引き下げる動作で使います。

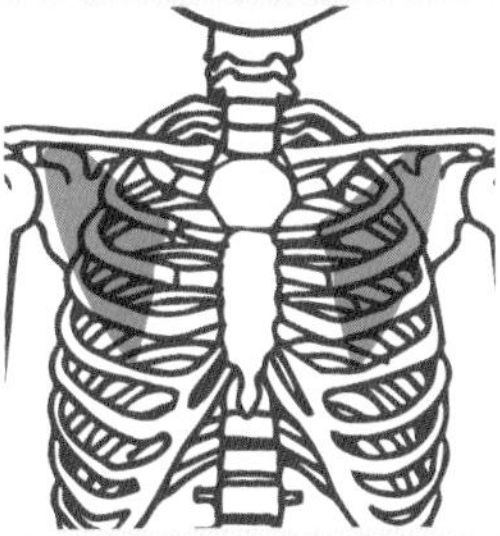

【鎖骨下筋《さこつかきん》】

胸骨から鎖骨の下に向かってついている深層部の筋肉。

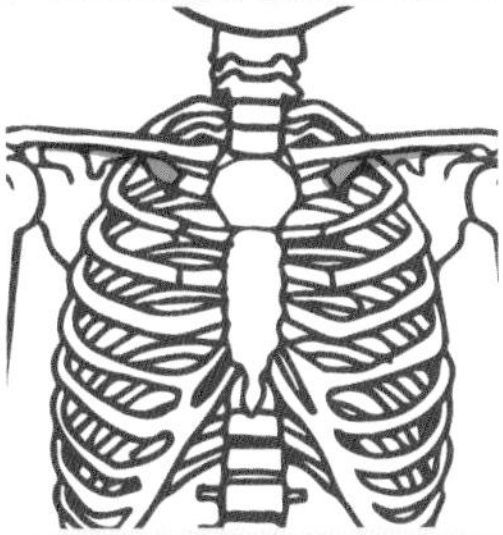

【後頭下筋《こうとうかきん》】

頭蓋骨と首の骨をつなぐ筋肉。かたくなると肩こりの要因になります。

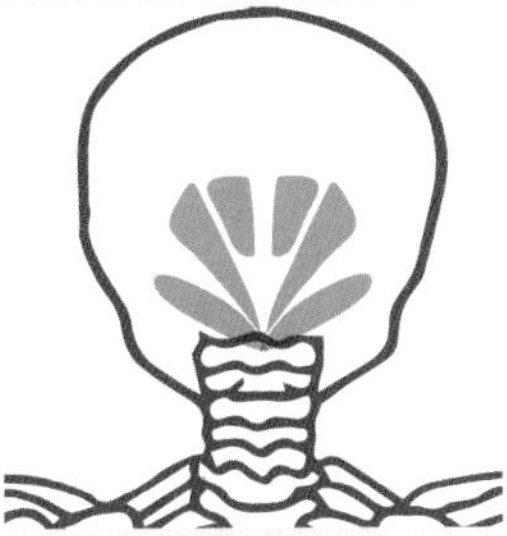

【腰方形筋《ようほうけいきん》】

骨盤と腰椎、肋骨にわたってついている筋肉。姿勢保持に関わります。

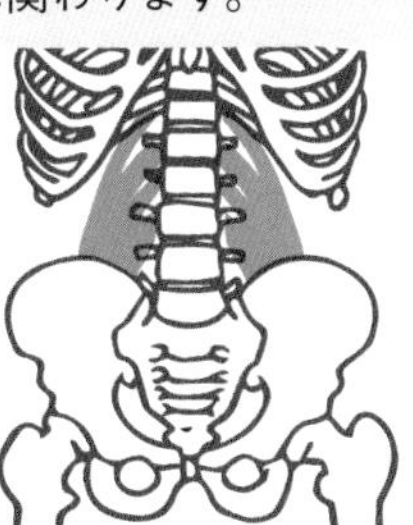

【腕橈骨筋《わんとうこつきん》・浅指屈筋《せんしくっきん》】

上腕から手首にかけてつながっている筋肉です。

【肋間筋《ろっかんきん》】

肋骨の間にある筋肉。呼吸運動などに使われます。

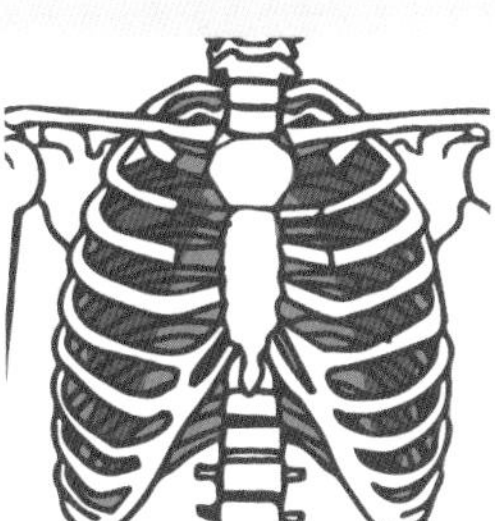

“痩せ体質になった”

感動の声が続々！

軽いストレッチでもコツコツと継続することで、リバウンドのないすっきりとした痩せ体質に！

あんなに悩み続けていた巻き肩の原因が、やっとわかりました！

動画を見て半信半疑でやってみたけれど、肩がすごく軽くなりました！

痩せるためには姿勢が大切だったことを知れてよかったです

先生の説明がすごくわかりやすくて、ストレッチがしやすかったです

本当に体がラクになりました！まるで魔法みたい！

体の内側からポカポカしてきました！これからも続けていきたいです！

体がかたい人は
少しずつほぐして
いきましょうね！

お風呂上がりにストレッチしたら、ポカポカしてきて気持ちよく眠れました

短時間のストレッチなのに汗が出ました！

なかなかきついストレッチでした。でも、これだけで体がポカポカしてきました！

ストレートネックに悩んでいましたが、ストレッチを取り入れたことで少し改善しました！

２か月ほど続けています！毎回ポカポカして健康的に痩せている気がします

首から背中にかけての筋肉がすごくゆるまったのがわかります！

簡単な動きでこれならできました！先生、ありがとうございます！

痩せ細胞を活性化させる

エクササイズの取り組み方

少しずつ
痩せ体質を
目指そう！

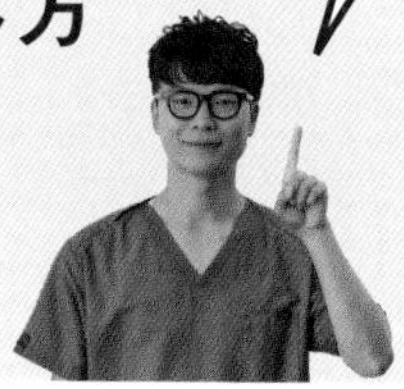

４つのステップで、体を痩せやすい状態にします。
痩せるだけでなく不調の改善にも効果が期待できます。

STEP 1

正しい姿勢をマスターする P30

STEP 2

できなければストレッチで
できるようになろう！

７つのテストを行い、
痩せ体質かをチェックする P32

STEP 3

今ある症状を改善する

- ストレートネック P74
- 首こり P78
- 巻き肩・猫背 P84
- 五十肩 P90
- 背中の張り P94

STEP 4

これで痩せる！

全身を動かして代謝アップ
痩せ細胞活性化エクササイズ P100

第2章

正しい姿勢と痩せ体質テスト

正しい姿勢の作り方

痩せやすい体を作るためには、まず正しい姿勢をとれるようになりましょう。崩れやすい人はこまめに正します。

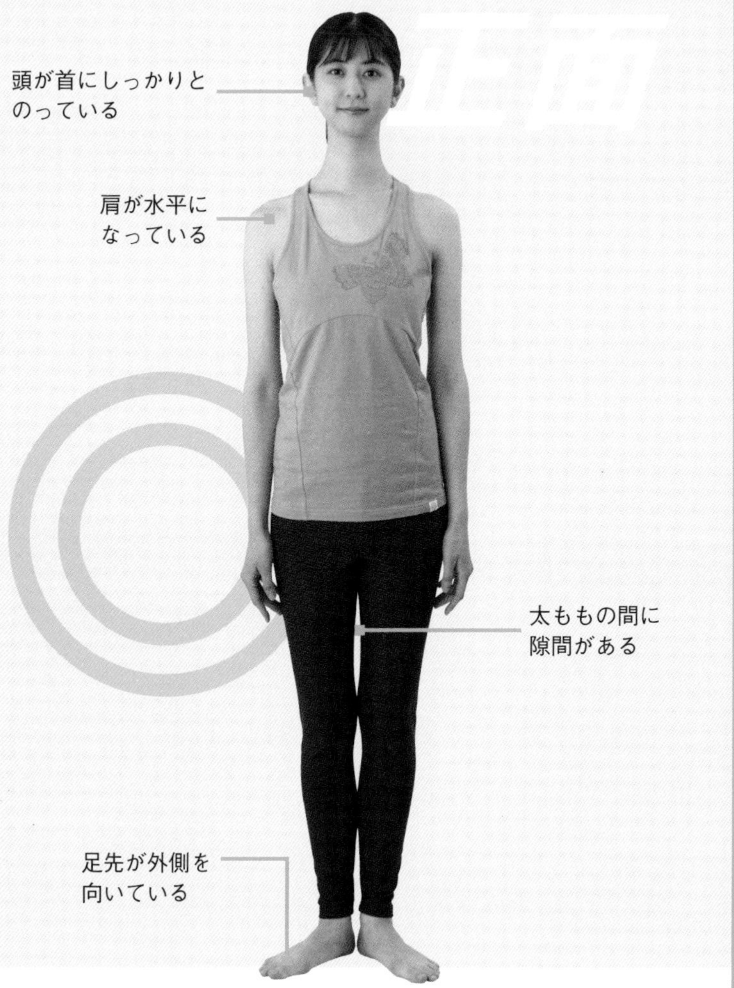
正面
頭が首にしっかりとのっている
肩が水平になっている
太ももの間に隙間がある
足先が外側を向いている

内臓が正常に働くためにも正しい姿勢が大切

背中が丸まって猫背になっていたり、反り腰になっていたりなど、普段の姿勢が崩れている人は要注意。内臓の位置がずれ、脂肪がつきやすい状態になっています。痩せやすい体にするためにまずは、姿勢を維持できるようにすることが大切。内臓が正しい位置に戻り、痩せやすい体になります。とくに上半身は前傾しやすいので、意識して伸ばすようにしましょう。

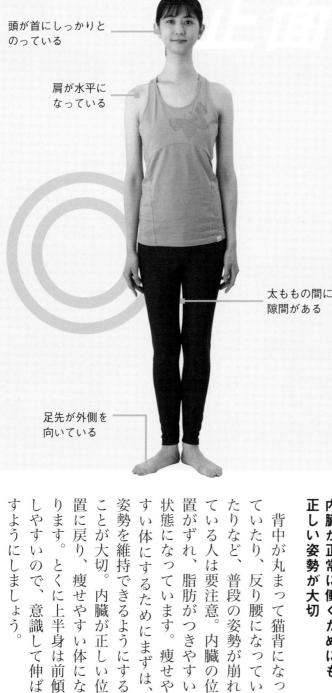

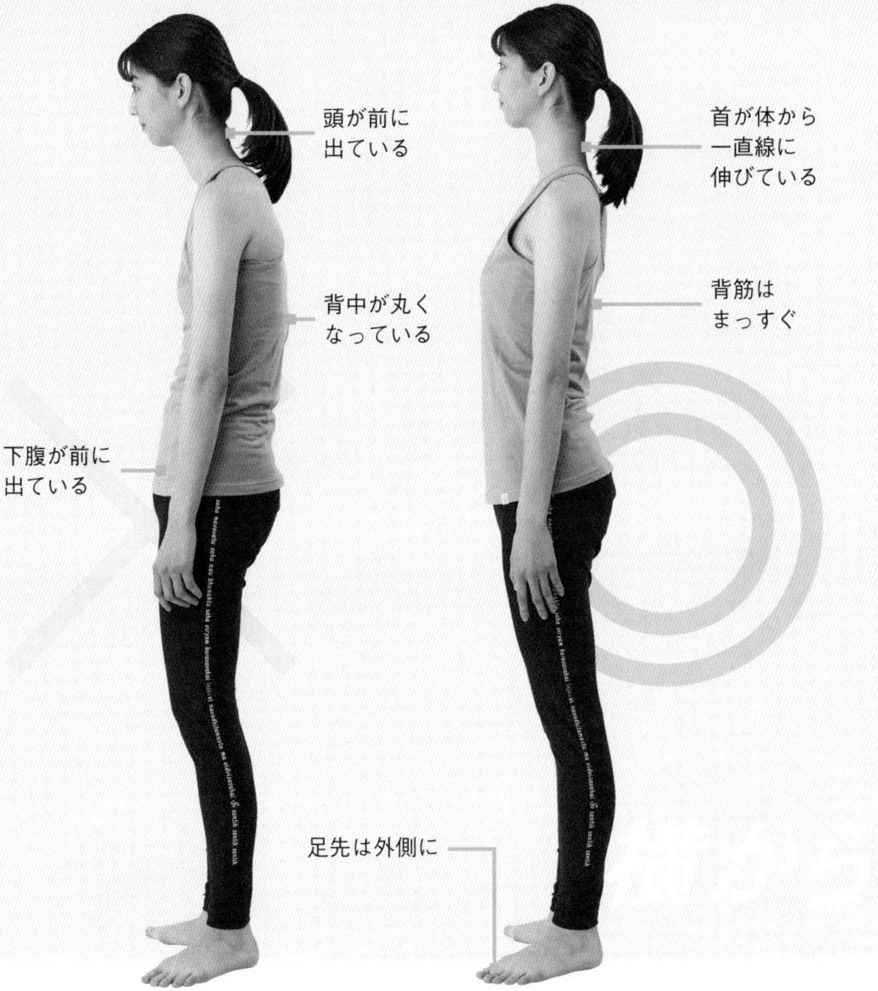
頭が前に
出ている
背中が丸く
なっている
下腹が前に
出ている
足先は外側に
首が体から
一直線に
伸びている
背筋は
まっすぐ
横から

姿勢が崩れやすい人は
1時間に一度、
意識して正しい姿勢に
戻しましょう！

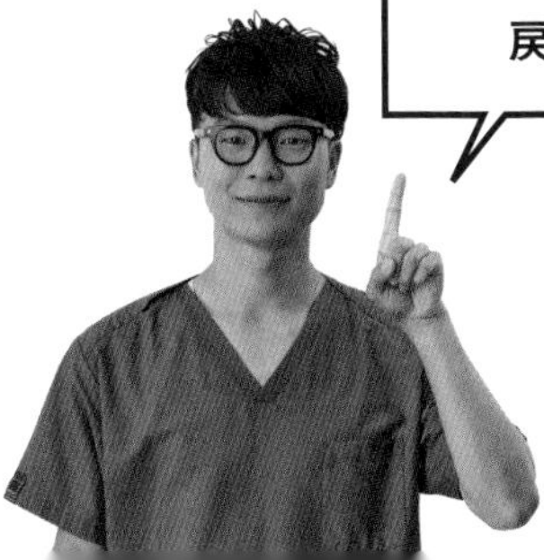

こんなクセはまずやめて

- ✓ 頬杖をつく
- ✓ 足を組んで座る
- ✓ 内股やがに股
- ✓ 足元を見ながら歩く
- ✓ 片方に体重をかける

あなたは痩せ体質？

7つのテスト

今の体が痩せやすい体質かどうかは、7つのテストをすることで確かめられます。
動かしにくかったり、痛みが伴ったりする場合は痩せにくい状態。
該当のページで確かめてみましょう。

テスト❶
ひじ持ち上げテスト ▸▸▸ P34へ

テスト❸
首・肩動作テスト ▸▸▸ P44へ

テスト❷
ひじ後ろ開きテスト ▸▸▸ P40へ

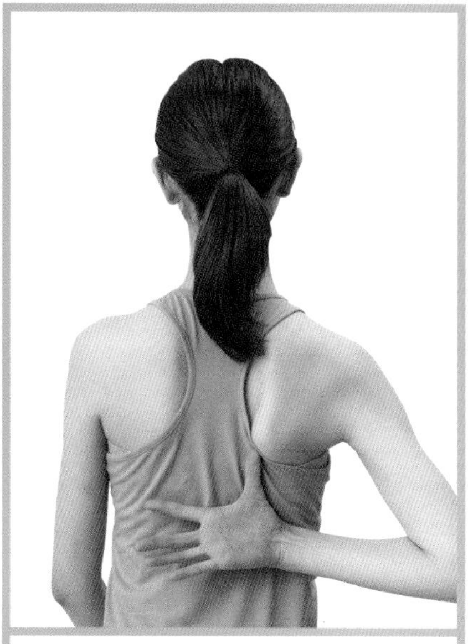

テスト❹
肩甲骨を触るテスト ▸▸▸ P50へ

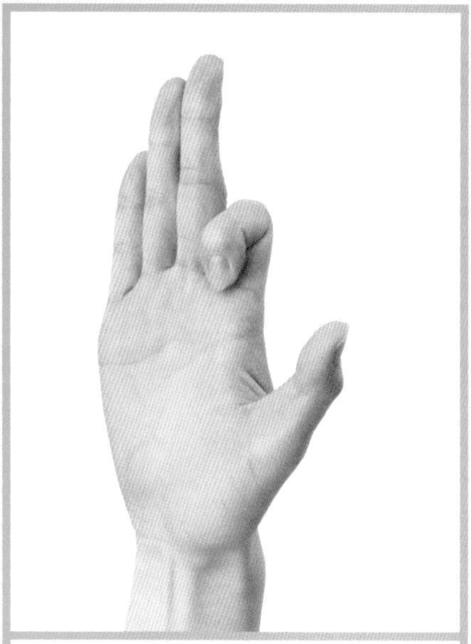

テスト❺
人差し指曲げテスト ▸▸▸ P56へ

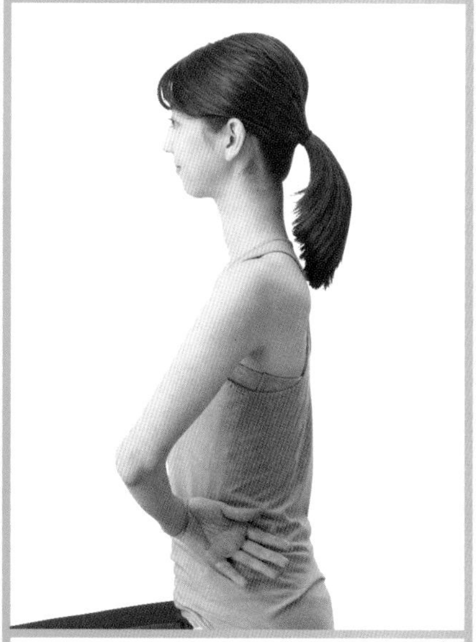

テスト❻
肩甲骨のかたさテスト ▸▸▸ P62へ

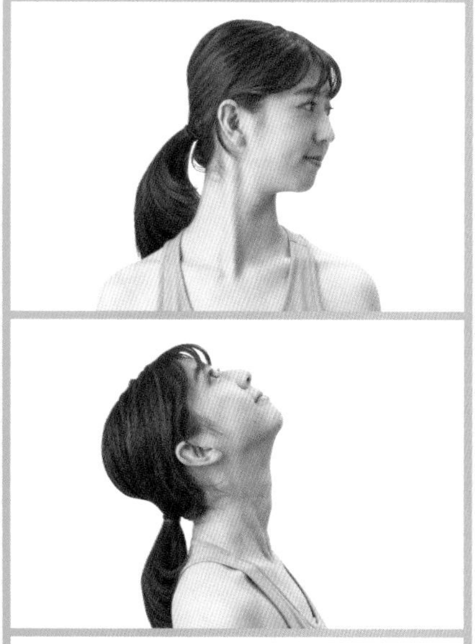

テスト❼
首の３動作テスト ▸▸▸ P66へ

テスト1

ひじ持ち上げテスト

ひじを持ち上げられますか？

ひじを合わせて上げる

胸の前で両ひじをつけて、上に持ち上げます。ひじが肩の高さくらいまで上げられるならOK。上げたときにひじが開いてしまったらNG。

Side

できる人はあごの高さまで上げるのにチャレンジしても◎。

できる人は　正常です。P44からのテスト②も行ってみましょう

できない人は　P35からのストレッチを行いましょう

STEP 1-① 肩甲骨ストレッチ

20秒
キープ

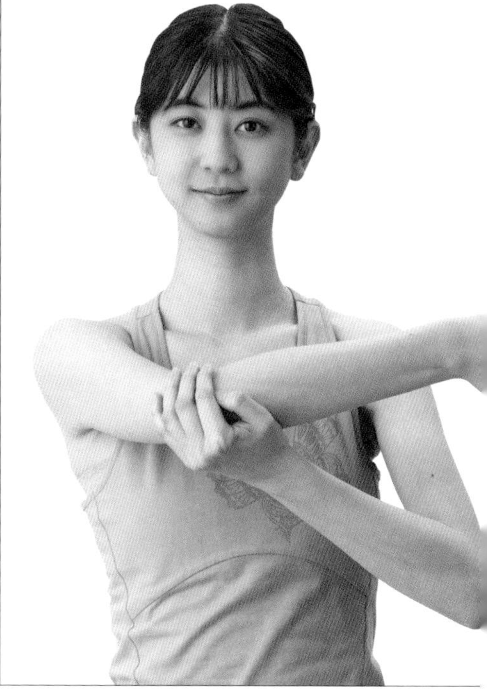

1 ひじを持つ

右ひじを肩くらいの位置に上げ、左手でひじを持って支えます。

2 斜め上に伸ばす

持ち上げたひじを斜め上に上げ、顔も左上を向きます。20秒キープしましょう。

◀◀◀反対側も同様に20秒行う

上げ過ぎないように
注意しましょう！

ココに効く！

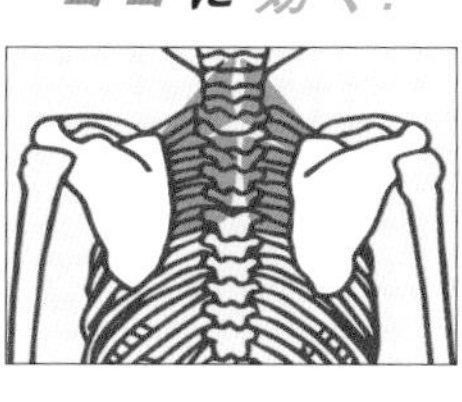

▶ **菱形筋《りょうけいきん》**

首の後ろの骨の出っぱりから、肩甲骨の内側にかけてついている筋肉。

STEP 1-② 肩甲骨ストレッチ

1 ひじを持つ

右ひじを肩くらいの位置に上げ、左手でひじを持って支えます。

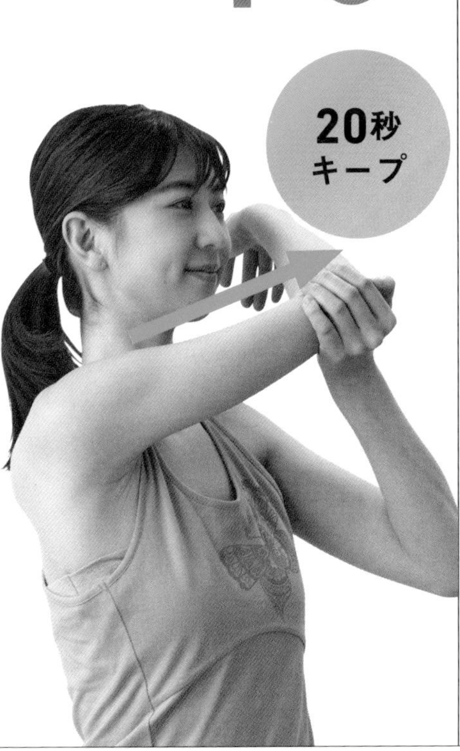

2 ひじを斜め上に伸ばす

持ったひじが顔の前にくる高さに上げ、左斜め上に向かって伸ばします。顔も左斜め上を向き、20秒キープしましょう。

◀◀◀反対側も同様に20秒行う

point

P35のSTEP1-①よりも腕の位置を高く上げることで、より肩甲骨まわりへ刺激を与えます。

▶ 棘《きょく》下《か》筋《きん》

肩甲骨と上腕骨をつないでいる筋肉。肩を上げたりねじったりする動作に使います。

ココに効く！

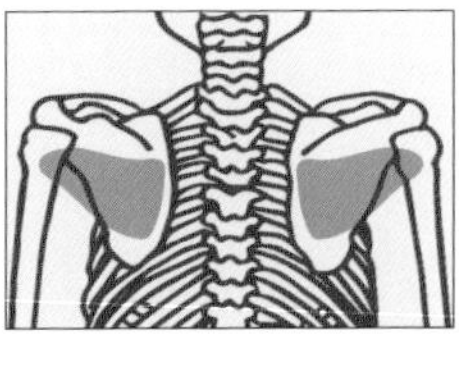

STEP 1-③ 肩甲骨ストレッチ

20秒キープ

Back

頭の後ろで手を引く

頭の後ろに手をまわし、右手首を左手で持ちます。上半身は動かさずに手首だけを左へ引っ張って20秒キープします。

◀◀◀反対側も同様に20秒行う

しっかり引く

脇の後ろのほうの筋肉が伸びているのを意識しましょう。

STEP 1-④ 肩甲骨ストレッチ

15秒
2セット

NG

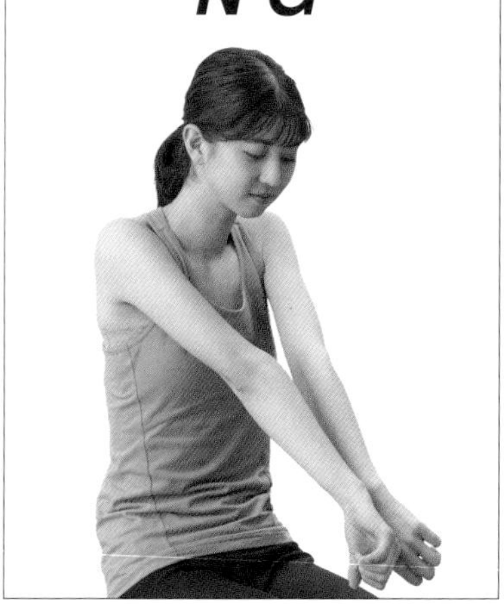

手の甲を合わせて下へ伸ばす

背筋を伸ばして座り、体の前で両手の甲を合わせ、斜め下の方向へぐっと力を入れて15秒キープします。2セット行いましょう。

猫背になるとダメ

上半身を丸めた猫背の姿勢になっていると、筋肉にうまくアプローチできません。正しい姿勢で行いましょう。

STEP 1-⑤ 肩甲骨ストレッチ

20秒
2セット

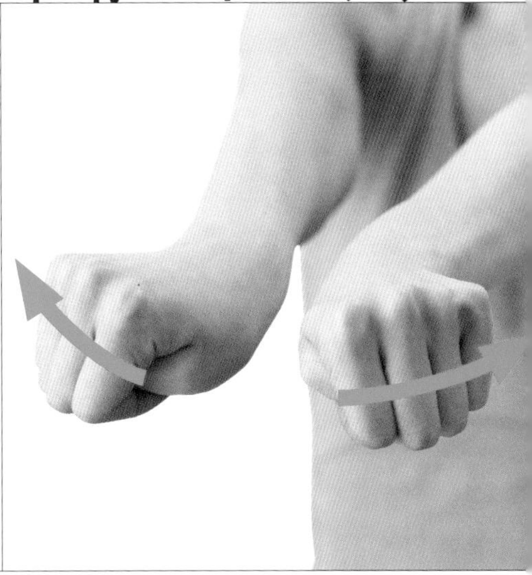

1 手を握って外側へ

親指を内側に入れてこぶしを作り小指側に力を入れます。こぶしをそれぞれ外側に向けましょう。

2 腕をまわす

こぶしを外側に向けたまま、首の位置をまっすぐにしたら、腕を後ろに20秒まわします。2セット行いましょう。

point

首の位置を意識

腕をまわすときには、首が前に出ないように注意します。首を正しい位置に戻してからまわしましょう。

もう一度テストしてみましょう

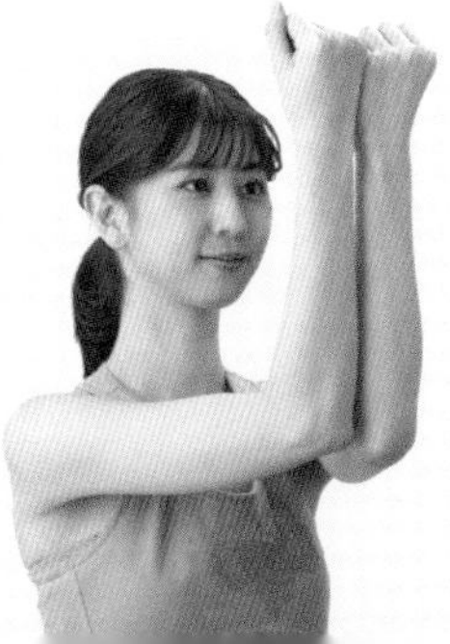

テストに再挑戦！

肩の高さまで上げてみましょう

上半身がポカポカしてきましたか？もう一度、胸の前で両ひじをつけて、上に持ち上げてみましょう。肩の高さまで上げられればOK。できなければ、無理のない範囲でP35～39のストレッチをもう一度行ってみましょう。

テスト2 ひじ後ろ開きテスト

ひじを自分の顔より後ろに引けますか？

ひじの位置を後ろへ

両ひじを胸の前で90度に曲げ、徐々に開いていきます。ひじの位置を顔よりも後ろに持っていくことができればOK。

できる人は　正常です。P44からのテスト❸も行ってみましょう

できない人は　P41からのストレッチを行いましょう

STEP 2-① 腕〜胸のストレッチ

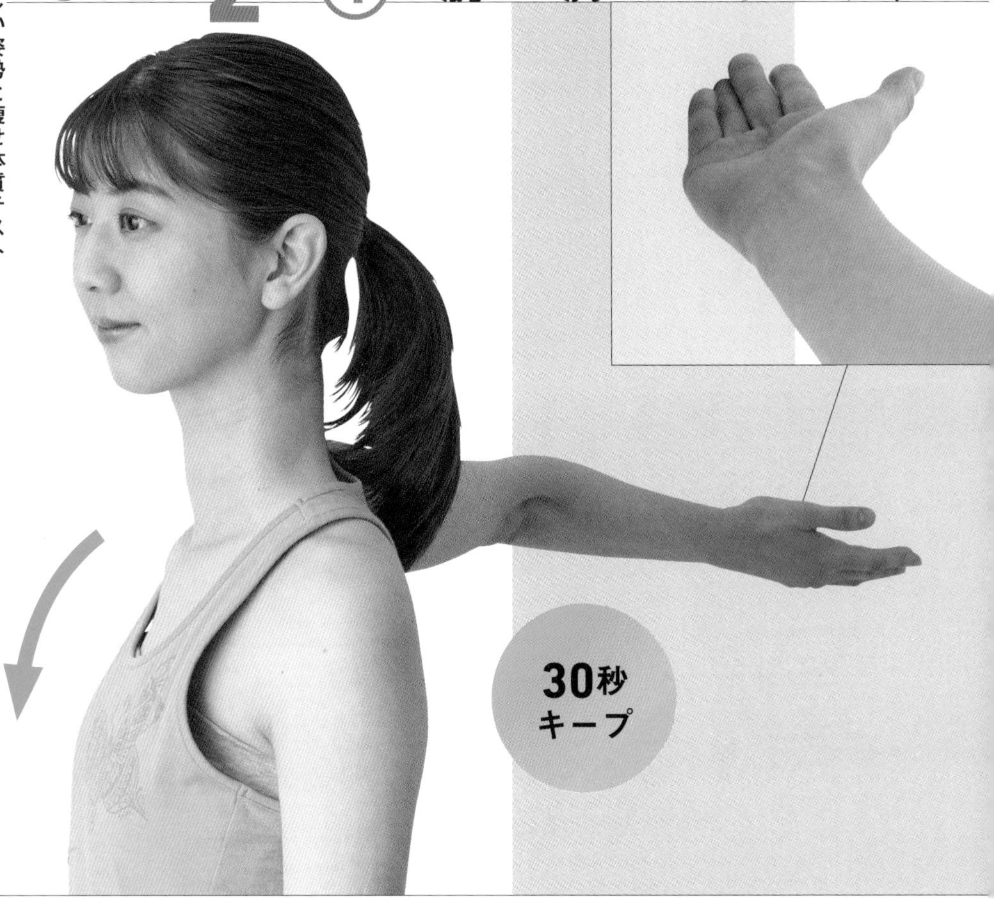

point

**体の前にある筋肉から
ストレッチする**

このストレッチでは、体の前側にある筋肉が伸びます。後ろ側の筋肉にアプローチするストレッチも重要ですが、まずは伸ばしやすい前側から行うことが体を柔軟にするコツです。

前側の筋肉を伸ばす

右手のひらを上にし、小指を壁にあてます。腕を伸ばしたら体を左にひねって30秒キープしましょう。

◀◀◀反対側も同様に30秒行う

STEP 2-② 菱形筋・僧帽筋中部線維筋トレ

ココに効く！

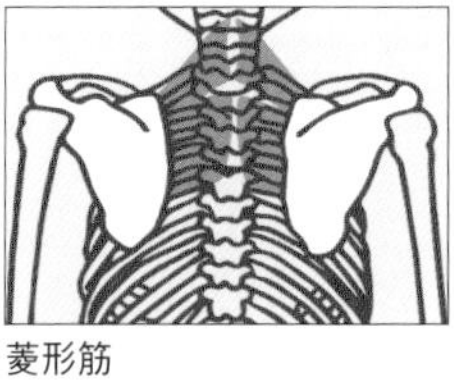
菱形筋

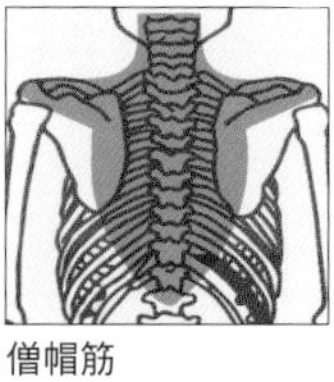
僧帽筋

▶ 菱形筋《りょうけいきん》・僧帽筋《そうぼうきん》中部線維筋

菱形筋は首の後ろから肩甲骨の内側あたりにかけて、僧帽筋は背中に広がる大きな筋肉。

肩甲骨を引き寄せる

いすに座り、手を後ろにして手のひらを下にします。肩を少し上げ、顔は斜め上を見上げます。この状態で肩甲骨を内側に引き寄せて15秒キープします。２セット行いましょう。

STEP 2-③ 肩甲骨筋トレ

20秒 2セット

1 手を握って外側へ

親指を内側に入れてこぶしを作り小指側に力を入れます。こぶしをそれぞれ外側に向けましょう。

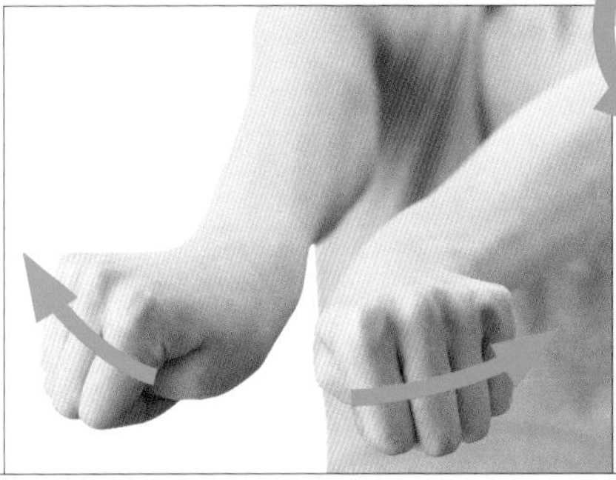

2 腕をまわす

こぶしを外側に向けたのを意識し、首の位置をまっすぐにしたら、腕を後ろに20秒まわします。2セット行います。

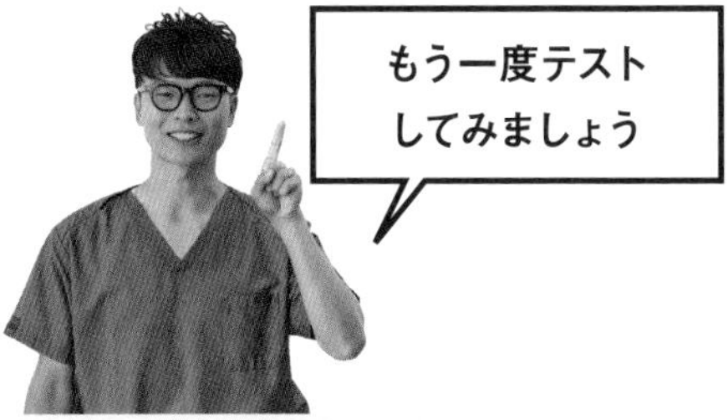

テストに再挑戦！

肩まわりが軽くなったように感じるはず

肩まわりがポカポカと温かくなってきましたか。もう一度両ひじを後ろへ持っていくテストをすると、肩が軽くなっているはず。できなければ、もう1セット行ってみましょう。

テスト3

首・肩動作テスト

首を左右に曲げられますか？

両肩の左右差をチェック！

首を左右に曲げてみましょう。また、肩を前後にぐるぐるとまわしてみましょう。うまく傾けられなかったり、まわせなかったりする人は要注意です。

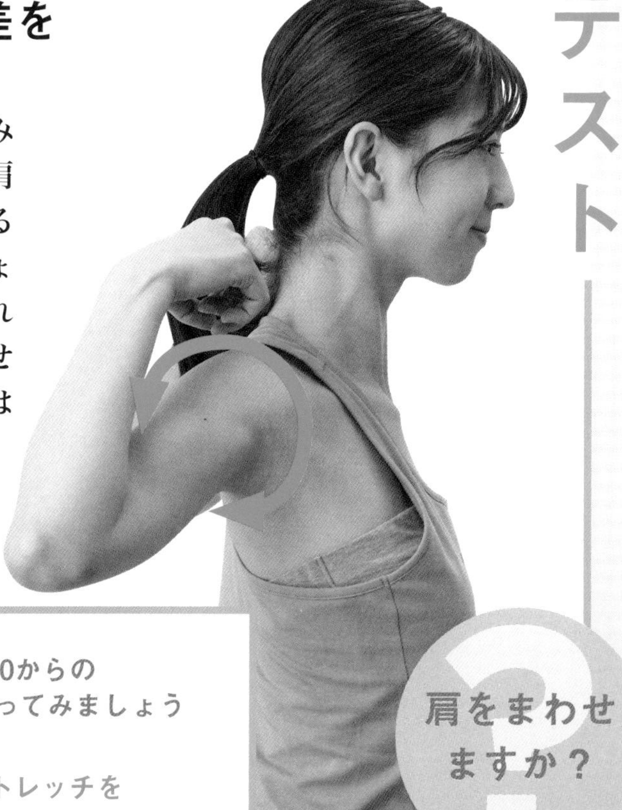
肩をまわせますか？

できる人は　正常です。P50からのテスト❹も行ってみましょう

できない人は　P45からのストレッチを行いましょう

STEP 3-① 上腕の神経リリース

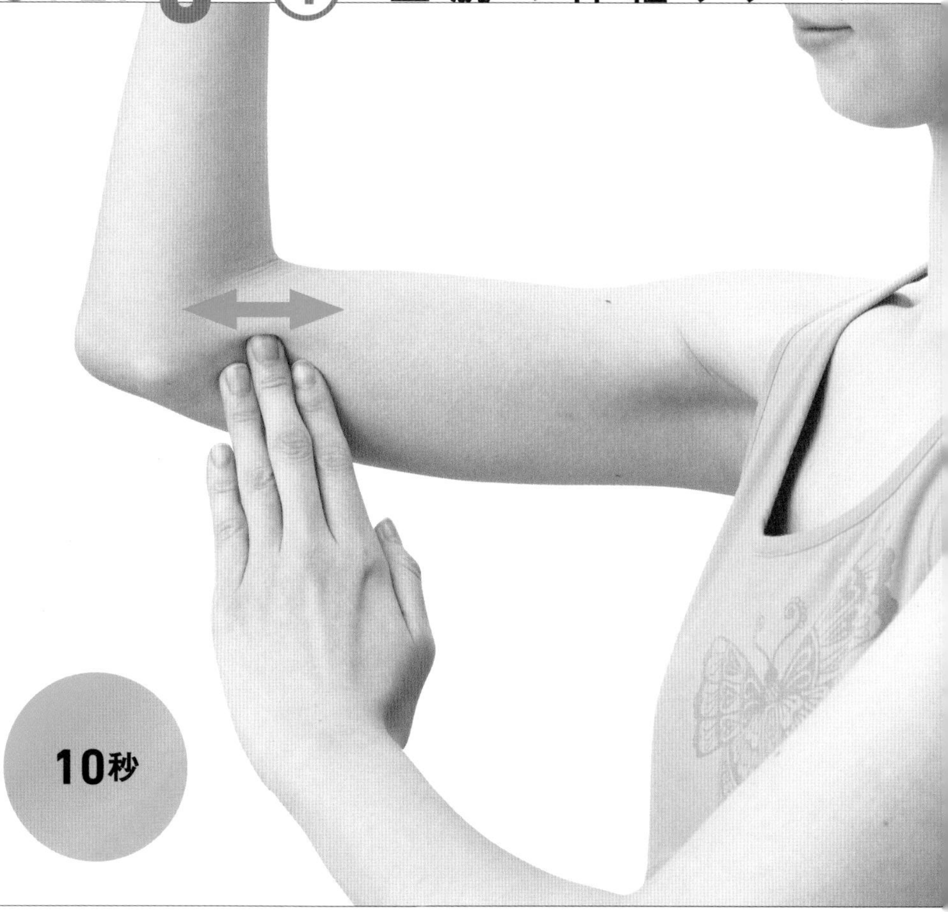

point

少し痛みを感じるくらいに

マッサージすると、少し痛みを感じるかもしれませんが、それが効いている証拠。両腕とも行ったあと、首を動かすと少しラクに感じるはずです。

左右にごりごりと押す

右手のひじを90度に曲げます。ひじの内側の写真の位置に左手の指先をあて、軽く力を入れて左右にゆらすように10秒マッサージします。

◀◀◀反対側も同様に10秒行う

STEP 3-② 前腕の筋肉マッサージ

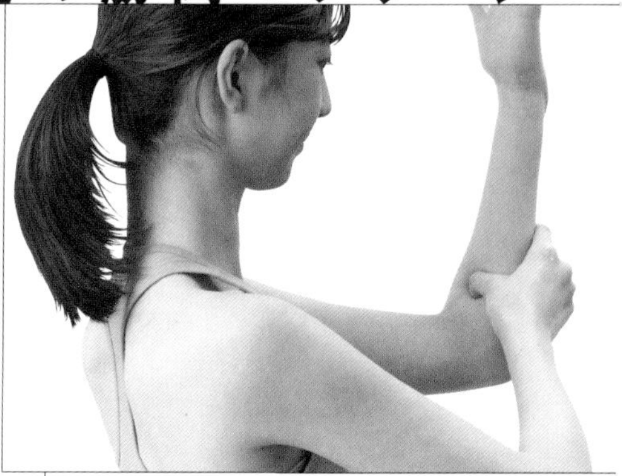

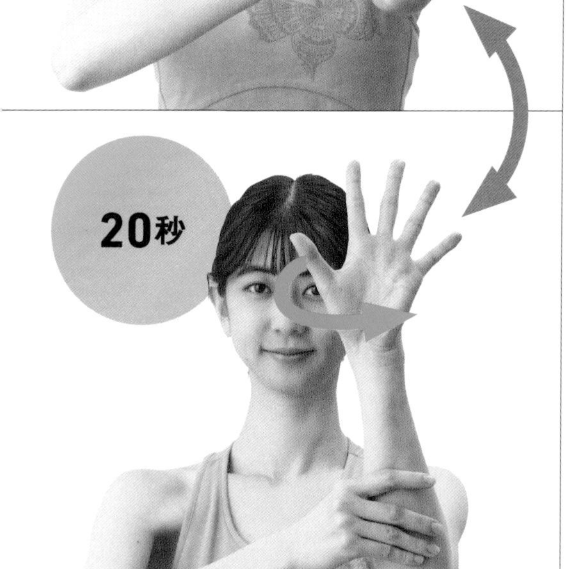

1 腕の真ん中を押す

左手を伸ばし、ひじの内側の真ん中から指2本分、手のひら側のあたりに右手の親指をあて、圧迫します。左手のひじを90度に曲げましょう。

2 前腕を回転させながら圧迫する

手のひらを表裏にくるくるまわすのを、20秒行いましょう。痛みを感じる場合はゆっくり行ってください。

◂◂◂反対側も同様に20秒行う

STEP 3-③ 神経リリース

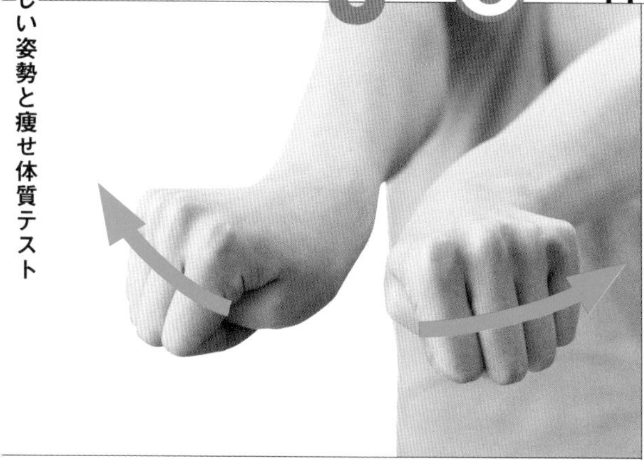

1 手を握って外側へ

親指を内側に入れてこぶしを作り、小指側に力を入れます。こぶしをそれぞれ外側に向けましょう。

2 腕を開いて閉じる

背筋を伸ばして座り、腕を正面に突き出したら、そのまま左右に広げていきます。目一杯伸ばしたら、腕を正面に戻します。この開く閉じるの動きをくり返します。20秒を2セット行います。

3 さらに腕をまわす

あごを引いて首の位置をまっすぐにし、腕を後ろに20秒まわします。

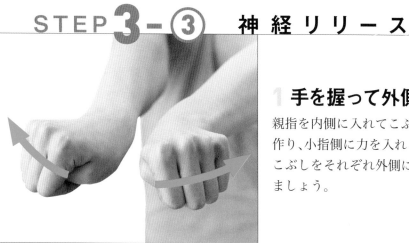

STEP 3－④ あごのリンパと耳リンパ流し

20秒

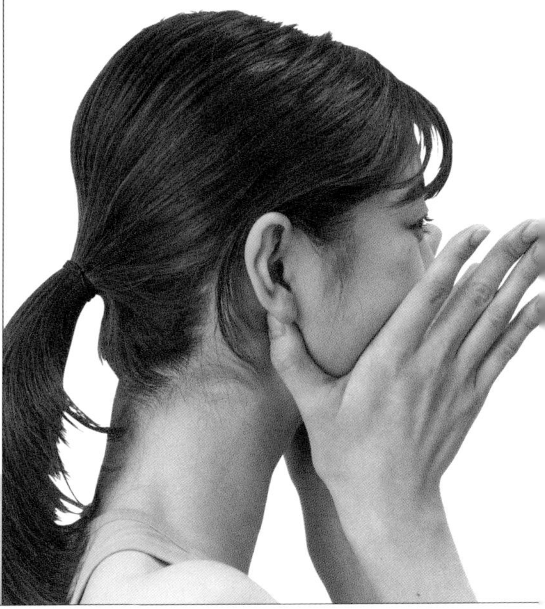

1 耳の下に親指をあてる

両耳の下に親指がくるように両手をあてます。人差し指を耳の裏側にあて、残りの3本の指とで耳を挟むようにします。

2 上下に動かす

耳を挟んで、手を上下に動かして、耳まわりをマッサージしてリンパを流します。20秒行いましょう。

リンパ流しはとても大事！
寝ながら行うのも
おすすめです

STEP 3－⑤ 首の位置矯正と肩甲骨トレーニング

15秒
キープ
2セット

肩甲骨を引き寄せる

いすに座り、手を後ろにして手のひらを下に向けます。肩を少し上げ、顔は斜め上を見上げます。この状態で肩甲骨を内側に引き寄せて15秒キープします。2セット行いましょう。

テストに再挑戦！

首を曲げたり、肩をまわしたりしてみて！

背中や肩のまわりがポカポカしてきましたか。首を左右に曲げたり、肩をまわしたりすると動きがいつもよりもスムーズになっているはずです。

テスト4

肩甲骨を触るテスト

肩甲骨に手が届くかチェック

背中に右手をまわし、親指で肩甲骨を触ります。手が届かなければ、太りやすく老けやすい状態に陥っている可能性が高いでしょう。

できる人は　正常です。P56からのテスト❺も行ってみましょう

できない人は　P51からのストレッチを行いましょう

STEP 4-① 手のツボを押す

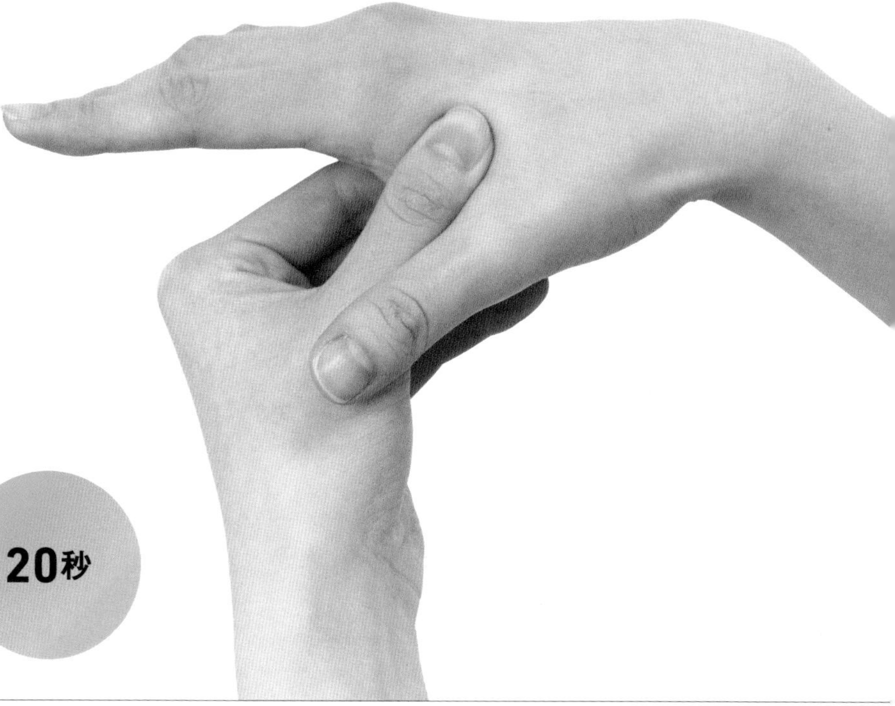

20秒

ツボをギューッと圧迫する

右手の親指と人差し指の間にある「合谷」に左手の親指をあてて、20秒圧迫します。

◀◀◀ **反対側も同様に20秒行う**

ツボの位置

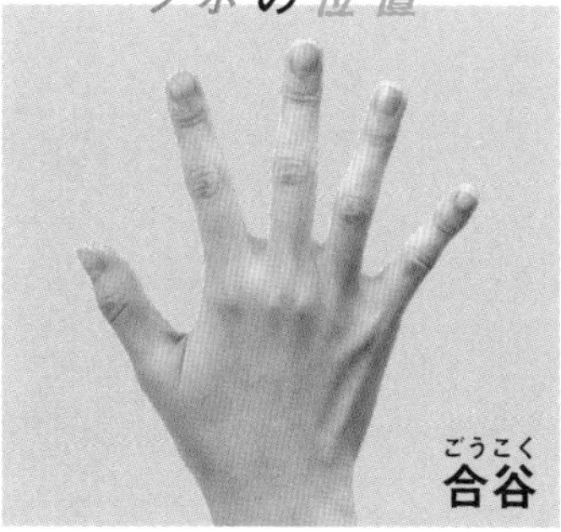

手の甲を上にし、親指と人差し指の骨が交差した部分から、人差し指へ向かって押していき、痛みを感じるくぼみ。

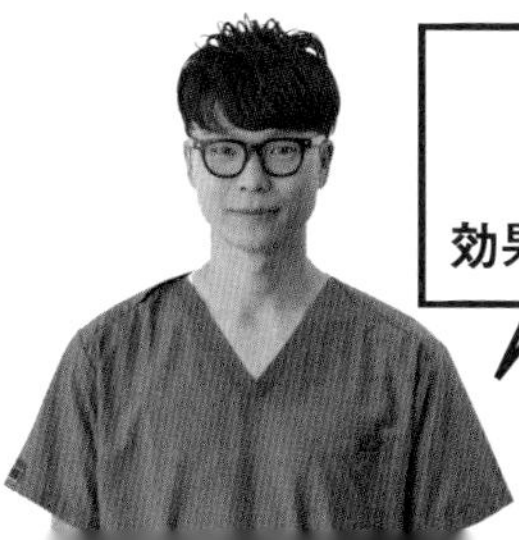

疲れや不調、
ストレスにも
効果的なツボです！

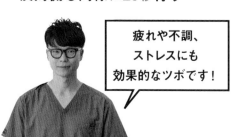

STEP 4-② 長掌筋ストレッチ

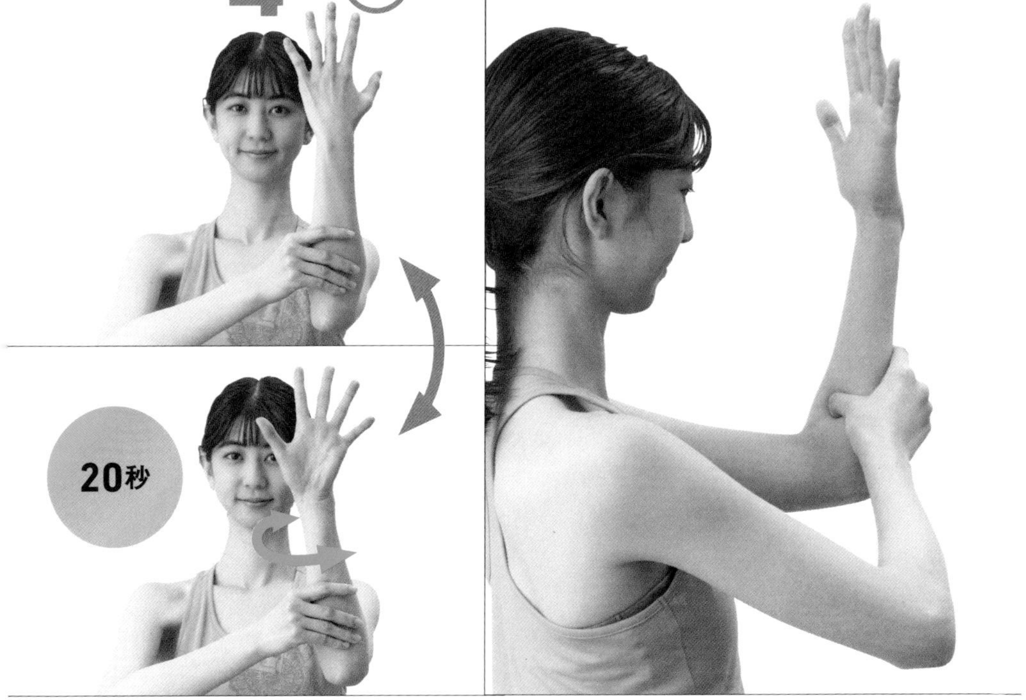

1 腕を押して ひじを曲げる

左手を伸ばし、ひじの内側の真ん中から指２本分手のひら側のあたりに右手の親指をあて、圧迫します。左手のひじを 90 度に曲げましょう。

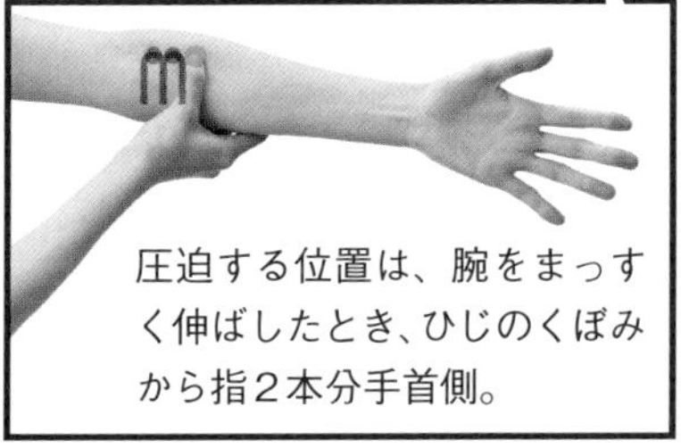

圧迫する位置は、腕をまっすぐ伸ばしたとき、ひじのくぼみから指２本分手首側。

2 手をねじる

手のひらを表裏にくるくるまわすのを、20 秒行いましょう。痛みを感じる場合はゆっくり行ってください。

◀◀◀反対側も同様に20秒行う

ココに効く!

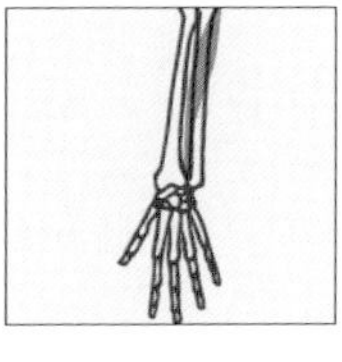

▶長掌筋《ちょうしょうきん》

親指と小指の指先を合わせて手首を手前に曲げると、手首のあたりに腱が浮き出るところ。

STEP 4-③ 棘下筋ストレッチ1

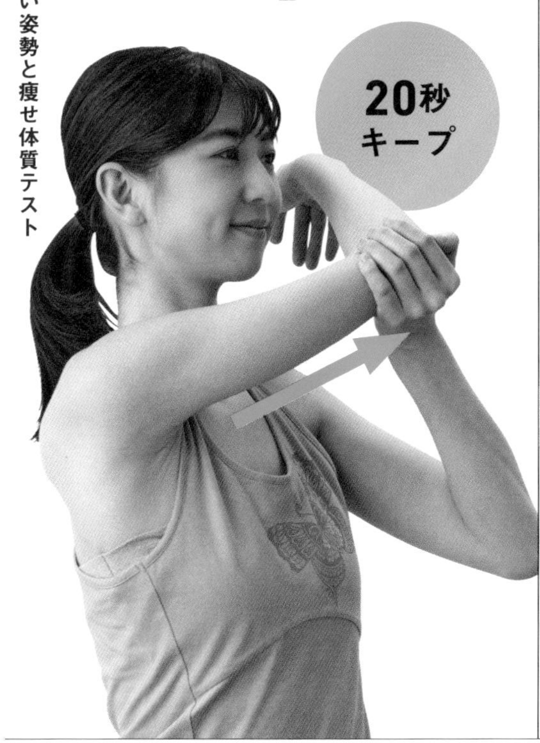

2 ひじを斜め上に伸ばす

持ったひじが顔の前にくる高さに上げ、左斜め上に向かって伸ばします。顔も左斜め上を向き、20秒キープしましょう。

◂◂◂反対側も同様に20秒行う

1 ひじを持つ

右ひじを肩くらいの位置に上げ、左手でひじを持って支えます。

ココに効く!

▶ 棘《きょく》下《か》筋《きん》

肩甲骨と上腕骨をつないでいる筋肉。肩を上げたりねじったりする動作に使います。

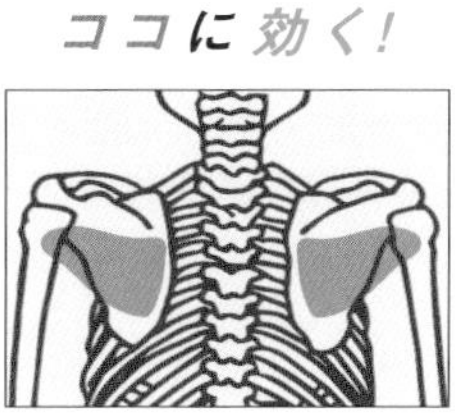

STEP 4-④ 棘下筋ストレッチ2

1 両手を後ろに引く

いすに座って背筋をまっすぐ伸ばします。両手を後ろに引きましょう。

2 肩甲骨を内側に寄せる

手のひらが外側を向くように手首をひねり、肩甲骨を内側に寄せるように力を入れて20秒キープします。

point

手首をひねる

ただ肩甲骨を寄せるだけよりも、手首をひねって行うほうが、棘下筋にアプローチできて代謝がよりアップします。

STEP 4-⑤ 肩甲骨ストレッチ

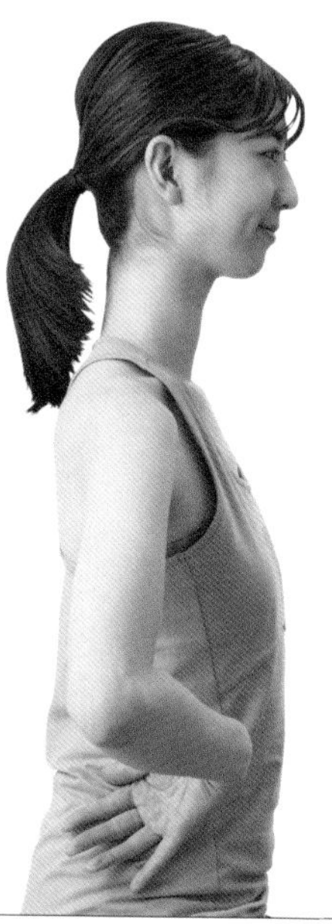

1 脇腹に手をあてる

いすに座り、手の甲を脇腹に沿わせるようにしてあてます。背筋はまっすぐ伸ばしましょう。

20回
2セット

2 ひじを前に出す

上半身は動かさず、腕だけを前に出して戻すのを20回、2セット行いましょう。

もう一度テスト
してみましょう

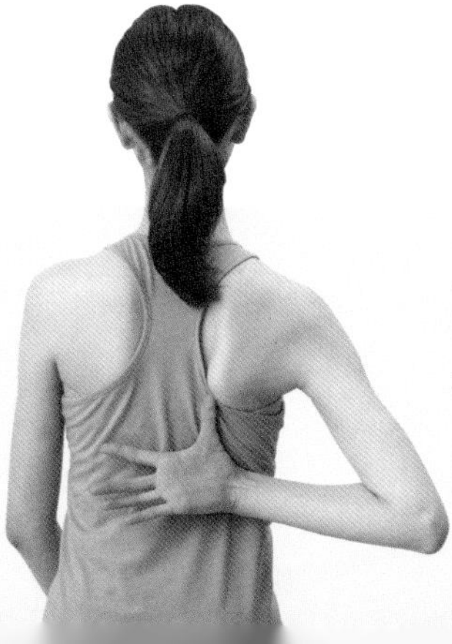

テストに再挑戦！

親指が肩甲骨に届きやすくなる

再度、背中に手をまわして肩甲骨を触ってみましょう。明らかに親指が届きやすくなっていませんか。老廃物が流れ肩甲骨まわりの代謝が上がった証拠です。

テスト5

人差し指曲げテスト

人指し指だけを曲げられますか？

ほかの指も一緒に曲がってはダメ

まず、右手の指をすべて伸ばしてから、人差し指だけを曲げてみてください。ほかの指も曲がってしまうようなら、首や肩こりが起こりやすく、太りやすい状態です。左手もやってみましょう。

できる人は　正常です。P62からのテスト❻も行ってみましょう

できない人は　P57からのストレッチを行いましょう

STEP 5-① 腕の筋肉のマッサージ

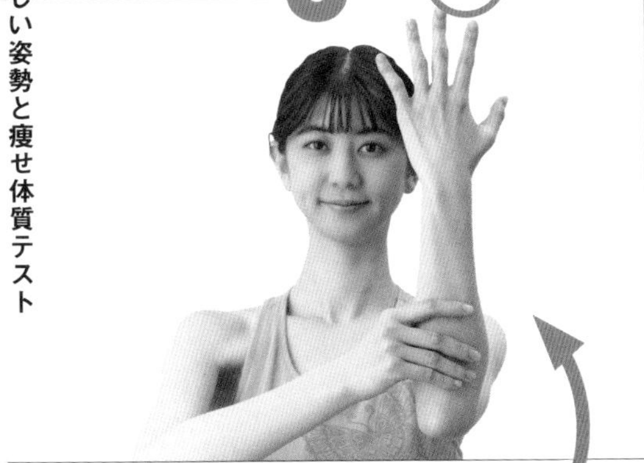

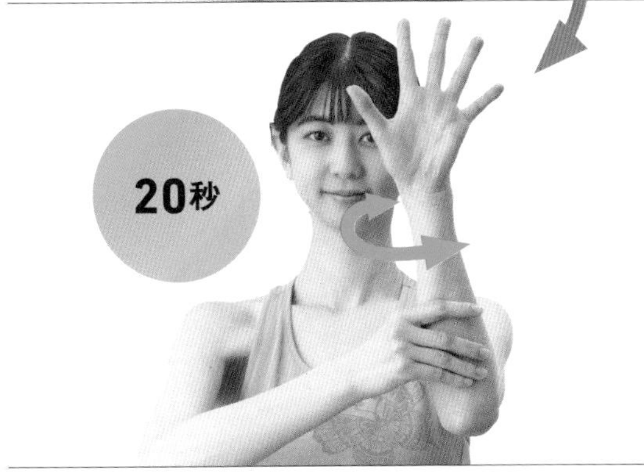
20秒

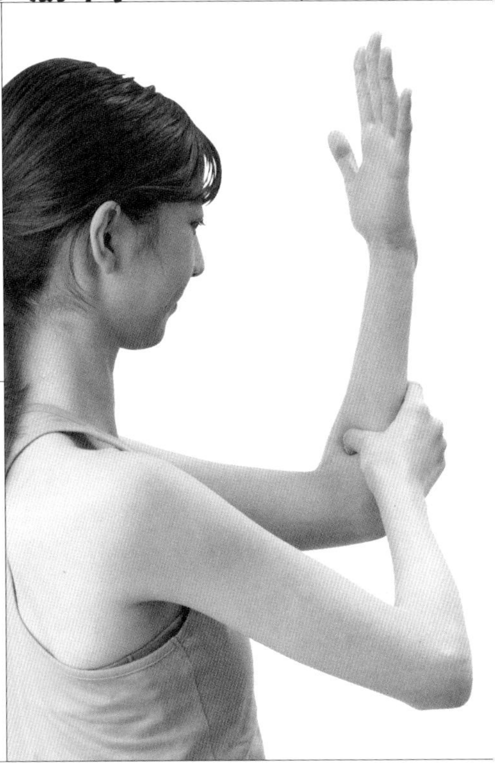

1 腕の真ん中を押す

左手を伸ばし、ひじの内側の真ん中から指２本分手のひら側のあたりに右手の親指をあて、圧迫します。左手のひじを 90 度に曲げましょう。

2 前腕を回転させながら圧迫する

手のひらを表裏にくるくるまわすのを、20 秒行いましょう。痛みを感じる場合は、ゆっくり行ってください。

◂◂◂反対側も同様に行う

ちょっと痛みを感じる
かもしれませんが
頑張りましょう！

STEP 5-② 腕～胸の筋肉ストレッチ

壁に手をついて体を反らす

指先を下に向け、右手のひらを壁につけたら、体をひねりましょう。胸のあたりが伸びることを意識し、15秒キープします。

◂◂◂反対側も同様に15秒行う

point

胸を伸ばす

手をつく位置は肩の高さにしましょう。腕だけが伸びているのでは効果がありません。胸のあたりが伸びていることを意識しましょう。

STEP 5-③ 胸の筋肉のストレッチ

15秒
キープ

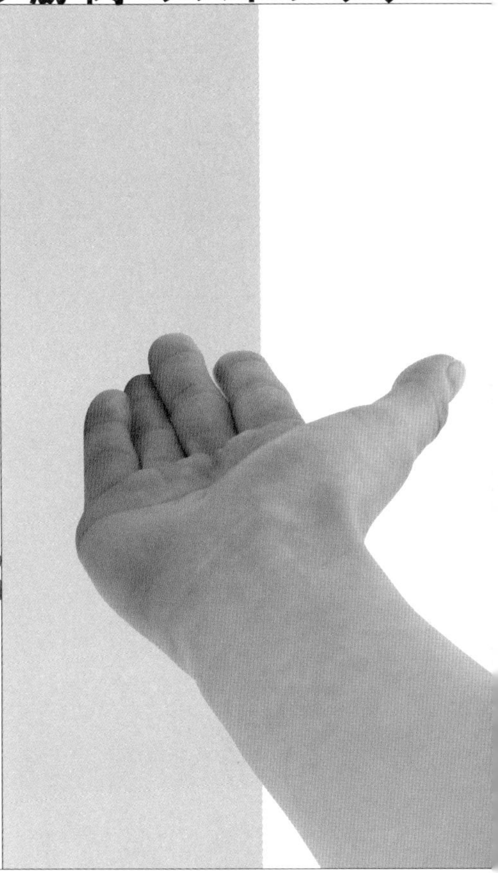

1 小指側を壁にあてる

右手のひらを上にし、小指を壁にあてます。

2 前側の筋肉を伸ばす

腕を伸ばして体を左にひねって15秒キープしましょう。

◀◀◀反対側も同様に15秒行う

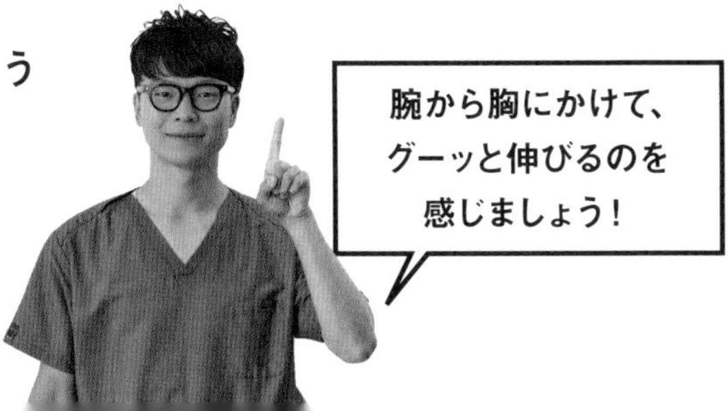
腕から胸にかけて、
グーッと伸びるのを
感じましょう！

STEP 5-④ 首のストレッチ

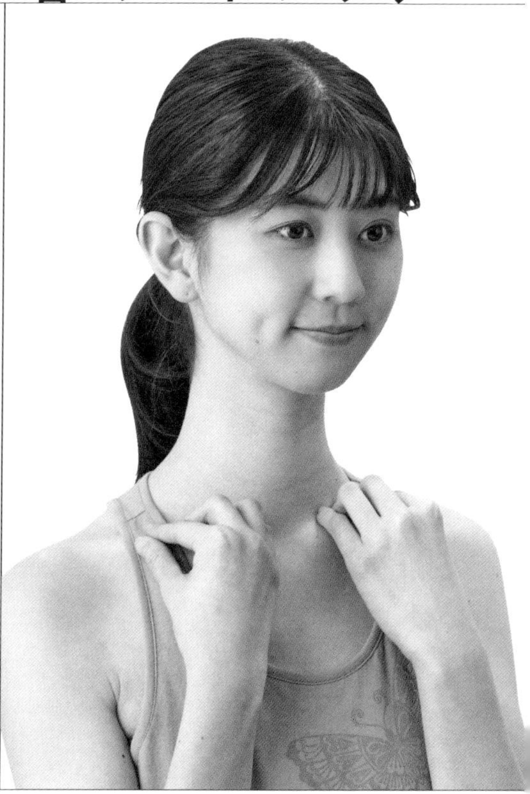

1 指を鎖骨にひっかける

鎖骨の上に両手をひっかけるようにあてます。背筋は伸ばしましょう。

2 上を向く

頭を後ろに倒し、真上を向いて15秒キープします。

ココに効く!

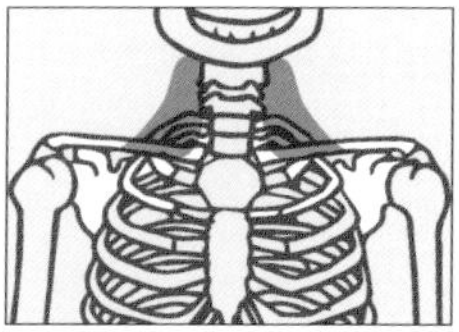

▶広頸筋《こうけいきん》

下あごから鎖骨のあたりまでを広く覆っている筋肉。

STEP 5-⑤ 首の位置矯正

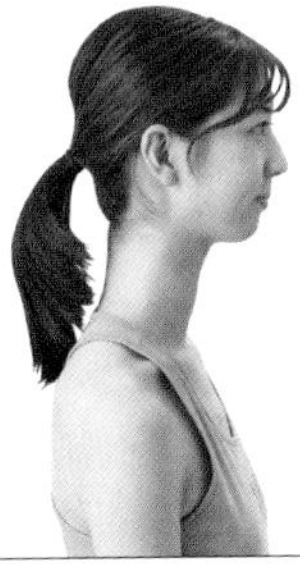

1 首を正しい位置へ

いすに座り、背筋をまっすぐ伸ばします。首が普段から前に出ている人は、意識して頭が首の上にまっすぐのるようにします。

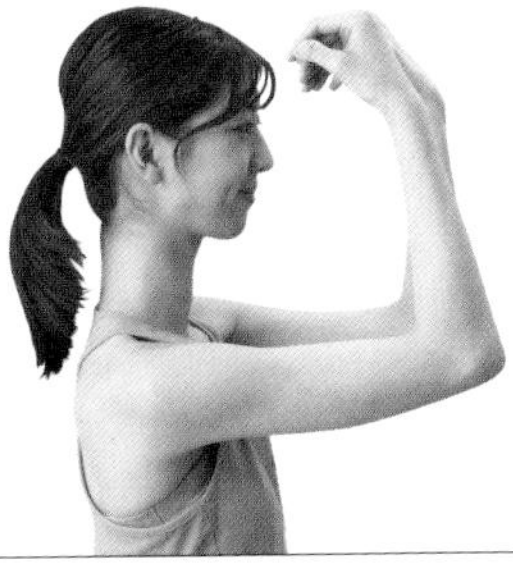

2 腕を曲げる

胸の高さで両ひじを曲げます。

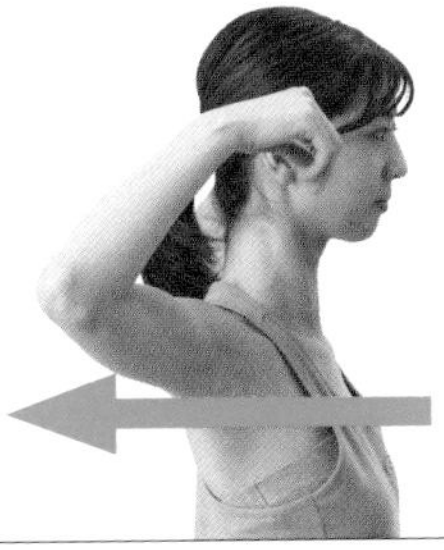

3 腕を後ろへ引く

そのまま腕だけを体の後ろ側へ開きましょう。姿勢は崩れないように注意します。

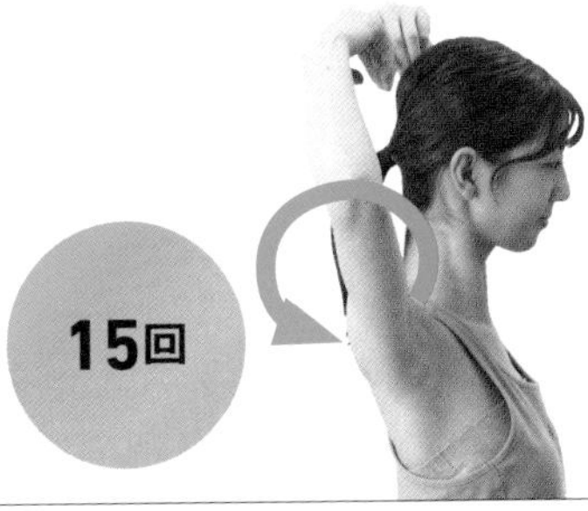

4 腕をまわす

そのまま腕を後ろへ15回まわします。

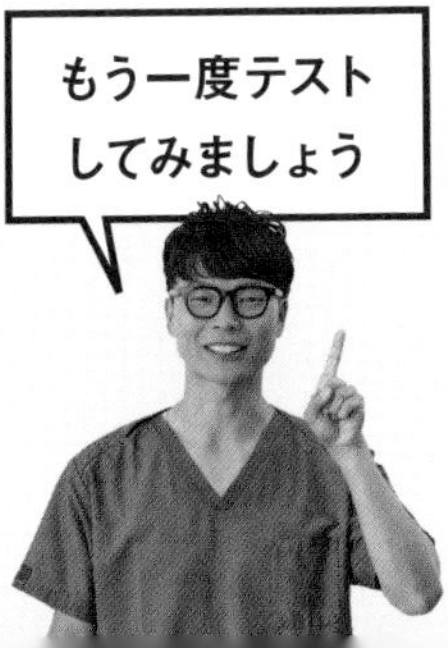

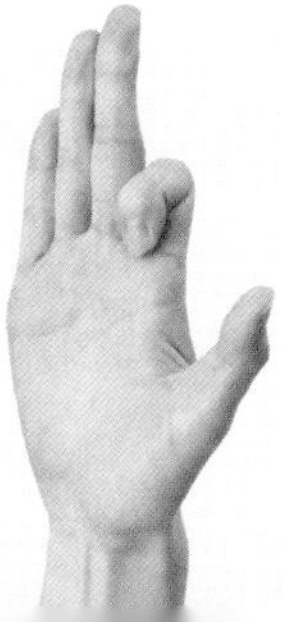

テストに再挑戦！

首、肩、腕がすっきり

再度、人差し指だけを曲げられるかチェックしてみましょう。首の動きをよくするストレッチで、首から肩、腕にかけてがすっきりするはずです。

テスト6

肩甲骨のかたさテスト

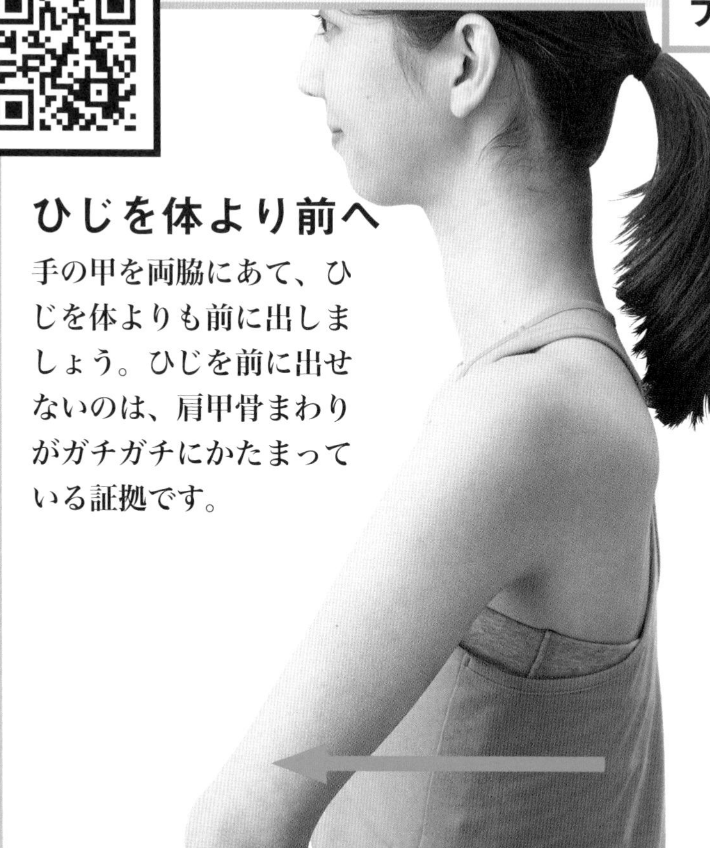

ひじを体より前へ

手の甲を両脇にあて、ひじを体よりも前に出しましょう。ひじを前に出せないのは、肩甲骨まわりがガチガチにかたまっている証拠です。

ひじを前に出せますか？

できる人は　正常です。上半身のリンパの流れがスムーズな状態

できない人は　P63からのストレッチを行いましょう

STEP 6-① 広背筋ストレッチ

1 手を上げてつかむ

両手を上げ、左手首を右手でつかみます。

2 腕を倒す

上半身は動かさずに、腕を右に引っ張って伸ばします。10秒キープしましょう。

◀◀◀反対側も同様に10秒行う

point

上半身は動かさない

腕を引っ張ると、つられて上半身も動いてしまうかもしれませんが、体は動かないようにしましょう。肩甲骨が突き出るようなイメージで行います。

ココに効く!

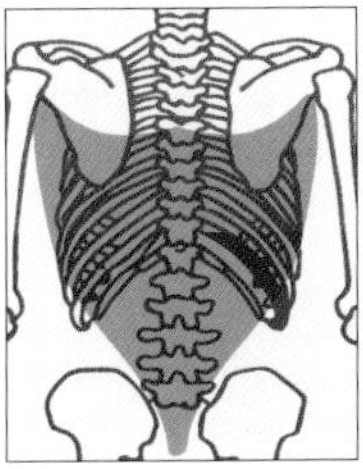

▶広背筋《こうはいきん》

背中から腰、腕へとつながる筋肉。開いた腕を閉じるときや、後ろに上げるときに使います。

STEP 6-② 肩甲骨はがし

10秒

1 両腕を上げて手を脱力

両腕を上げてひじを曲げ、手先は力を抜いてぷらぷらとさせます。

2 腕を後ろにまわす

そのまま、腕を後ろに10秒まわします。

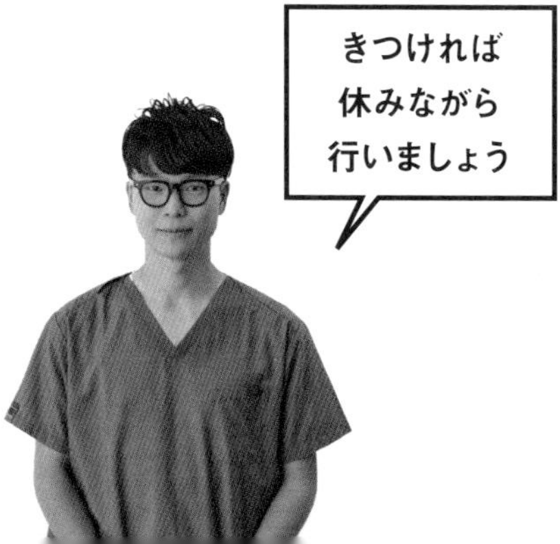

point

手首はぷらぷらに

腕や肩甲骨まわりにアプローチしたいので、手首には力を入れずに行いましょう。

STEP 6-③ 棘下筋エクササイズ

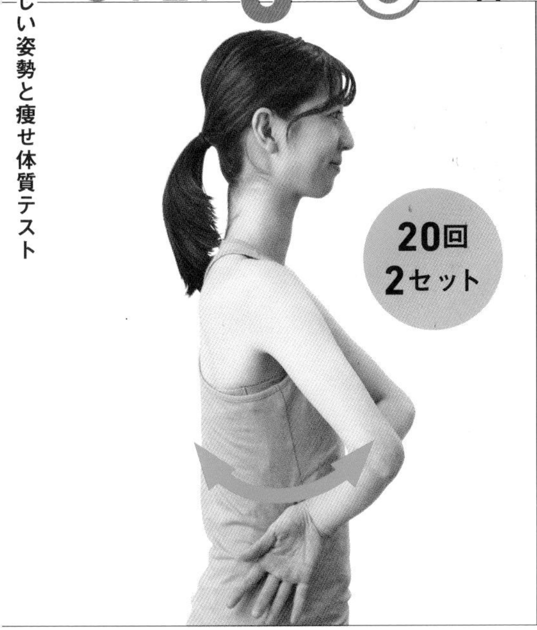
20回
2セット

1 脇腹に手をあてる

いすに座り、手の甲を脇腹に沿わせるようにしてあてます。背筋はまっすぐ伸ばしましょう。

2 ひじを前に出す

上半身は動かさず、腕だけを前に出して戻すのを、20回2セット行いましょう。

もう一度テスト
してみましょう

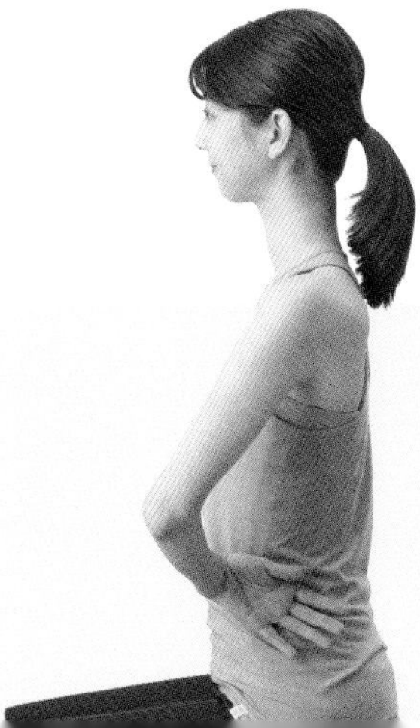

テストに再挑戦！

ひじを前に出しやすくなる

再度、手の甲を脇腹にあててひじを前に出せるかどうかを行ってみましょう。体よりも少しでも前にひじがいくなら合格です。

テスト7

首の3動作テスト

1 首を右へ90度向けられますか？

3つの動作がスムーズに行えればOK

首まわりの血流が悪くなってこりかたまっていると、首を傾ける3つの動作が鈍くなってしまいます。痛みなくできるかどうかを試してみましょう。

できる人は 正常です。痩せやすく、老けにくい体質です。

できない人は P68からのストレッチを行いましょう

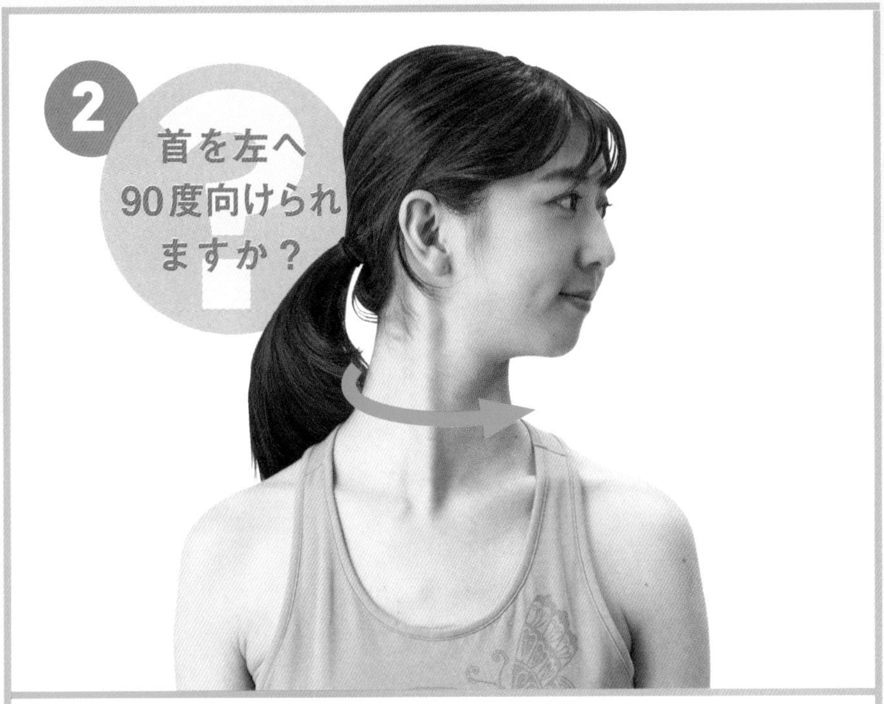
2
首を左へ
90度向けられ
ますか？

3
首を反らして
顔を真上へ
向けられ
ますか？

STEP 7-① 棘下筋ストレッチ

1 ひじを持つ

右ひじを肩くらいの位置に上げ、左手でひじを持って支えます。

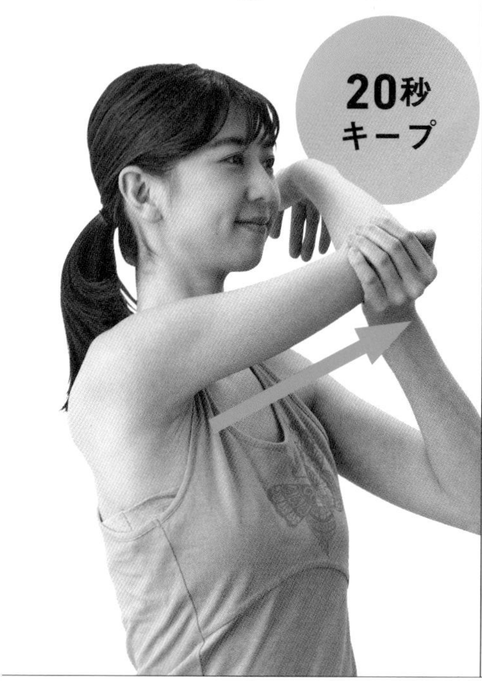

2 斜め上に伸ばす

持ったひじが顔の前にくる高さに上げ、左斜め上に向かって伸ばします。顔も左斜め上を向き、20秒キープしましょう。

◀◀◀反対側も同様に20秒行う

point

首もしっかりと

腕を斜めに上げるときに、顔も一緒に上を向くことで、よりしっかりと筋肉が引っ張られ、効果が高まります。

ココに効く!

▶ 棘《きょく》下《か》筋《きん》

肩甲骨と上腕骨をつないでいる筋肉。肩を上げたり、ねじったりする動作に使います。

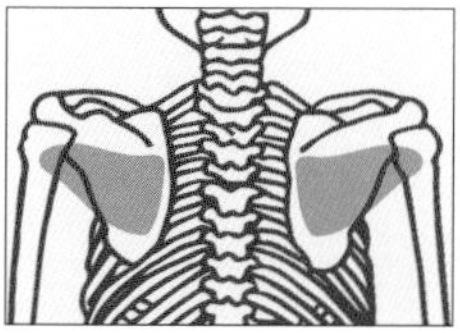

STEP 7-② 肩甲下筋ストレッチ

1 右腕を上げて開く

右手のひじを90度に曲げて肩の高さに上げます。手のひらは下を向けましょう。

2 ひじを曲げて立てる

指先が上を向くように上腕を立て、手の甲を内側に向けます。そのまま、後ろに腕を倒して15秒キープしましょう。

◀◀◀反対側も同様に15秒行う

ココに効く!

▶肩甲《けんこう》下《か》筋《きん》

肩甲骨の裏側から上腕にかけての筋肉で、肩関節をひねる動作に使います。

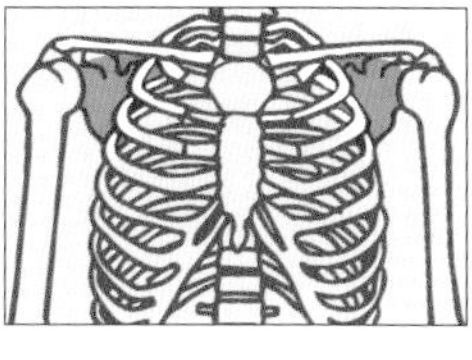

STEP 7-③ 肩甲挙筋ストレッチ

15秒キープ

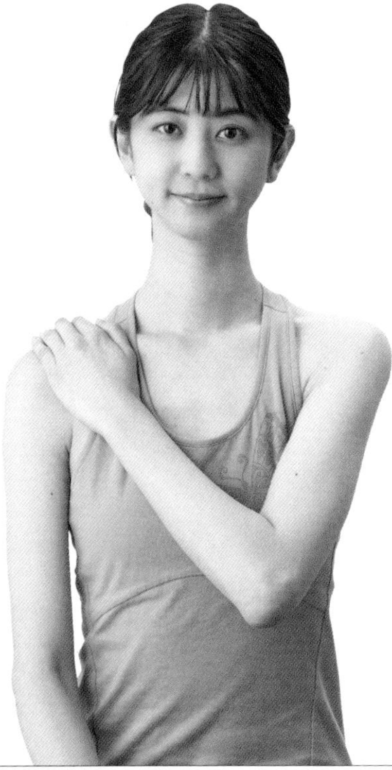

1 肩を押さえる

姿勢をまっすぐにし、左手を右肩にあてて軽く押さえましょう。

2 斜め下を向く

顔を左斜め下へ向けます。この状態を15秒キープしましょう。

◂◂◂反対側も同様に15秒行う

ココに効く！

▶肩甲挙筋《けんこうきょきん》

頸椎と肩甲骨をつないでいる筋肉。肩甲骨を引き上げるときに使います。

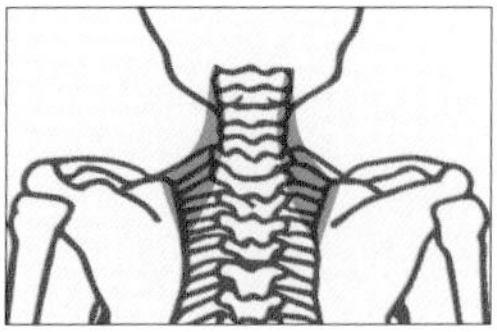

STEP 7-④ 肩甲骨の血流を促す

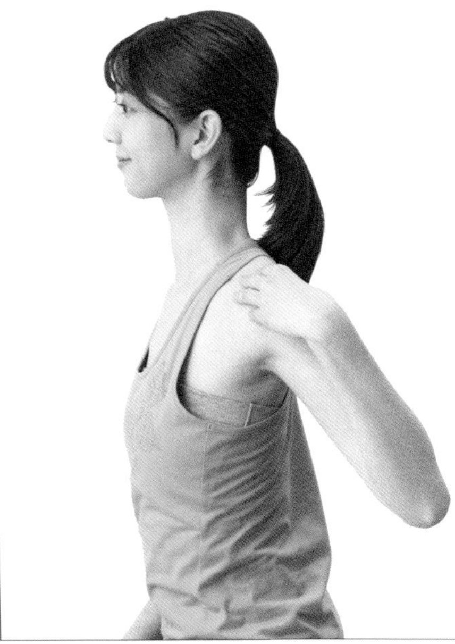

1 左手を肩にのせる

姿勢をまっすぐにし、左手の指先を左肩にのせます。

2 肩をまわす

そのまま、腕を後ろに大きく10回まわしましょう。

テストに再挑戦！

首まわりの血流が改善されているはず！

首を右へ傾け、左に傾け、そのあと、前後にも傾けてみましょう。ストレッチ前よりも動きやすくなっていませんか。できない場合は、この一連のストレッチを2週間行ってみましょう。

「まずは2週間」を意識して体質を変えていこう!

column

痩せるサイクルを定着させるのが大切

すぐにでも痩せたい……。気持ちはわかりますが、魔法のような即効性のあるダイエットはありません。あったとしても、健康に害を与えてしまうような無理なダイエットで、一時的に痩せたとしても、すぐにリバウンドしてしまいます。

正しく、確実に痩せるためには、地道にコツコツが一番なのです。それでは、モチベーションが上がらない、諦めてしまうという人もいるでしょう。まずは、「2週間」を目安に続けてみてください。ストレッチなどによって痩せ細胞が活性化し、代謝が上がり、自律神経が整う、というサイクルが定着し、効果として見え始めるのが約2週間後です。

本書で紹介しているストレッチは、ひとつ5~10分程度で行えるものがほとんどです。28ページで紹介した順番に1日ひとつずつでもよいので、行ってみましょう。忙しくてできないという日には、簡単にできそうなストレッチを行うだけでも構いません。体がポカポカするような感覚があれば、効いている証拠なので、この感覚を意識して行うようにしましょう。

2週間ほど続けていると、ストレッチを行うこと自体が、生活の中で自然と習慣化するようになるでしょう。これも重要なことで、続けることが苦にならなくなるので、痩せたあともリバウンドなく、体型維持ができるようになるのです。

僕の動画で、
一緒に毎日コツコツ
続けましょう!

1
3
12
14

第3章

痩せ体質に導くストレッチ

ストレートネック改善ストレッチ

「スマホ首」とも呼ばれるストレートネックは、筋肉を緊張させ血行不良を引き起こし、首や肩こりの原因になります。ストレッチで緊張をほぐしましょう。

STEP 1 皮膚はがし

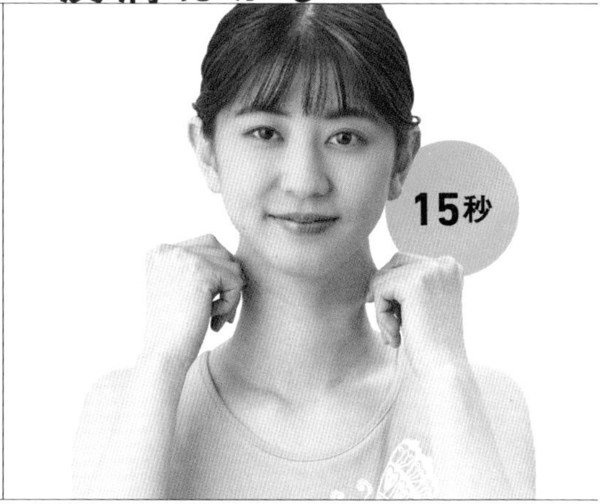
15秒

1 胸鎖乳突筋はがし

首の前の皮膚を両手でつまむように15秒引っ張ります。胸鎖乳突筋は横を向いたときに筋が出るので、そのまわりをつまみます。

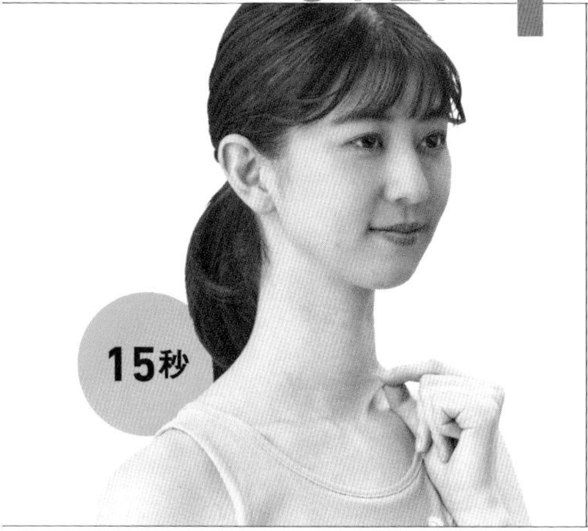
15秒

2 斜角筋はがし

胸鎖乳突筋より指1本後ろのあたりから、耳の下までを同様につまみ、15秒引っ張ります。

15秒

3 後頭下筋はがし

首の後ろの皮膚も同様につまんで15秒引っ張ります。首の後ろをまんべんなく行いましょう。

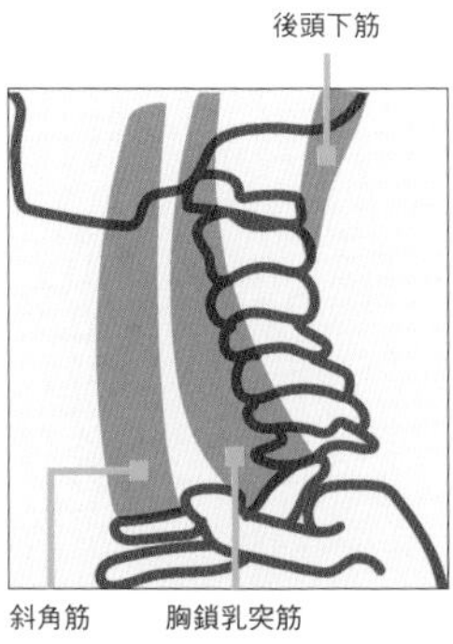
後頭下筋
斜角筋
胸鎖乳突筋

STEP 2 首のストレッチ

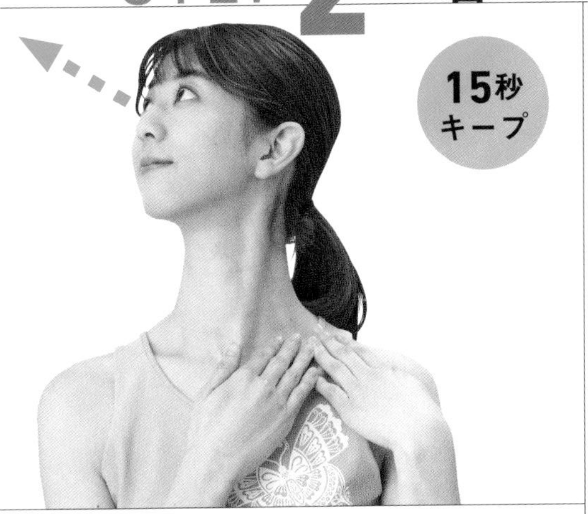

1 胸鎖乳突筋ストレッチ

両手で左の鎖骨の上を押さえ、顔は右上を向いて15秒キープします。同様に右の鎖骨も行います。

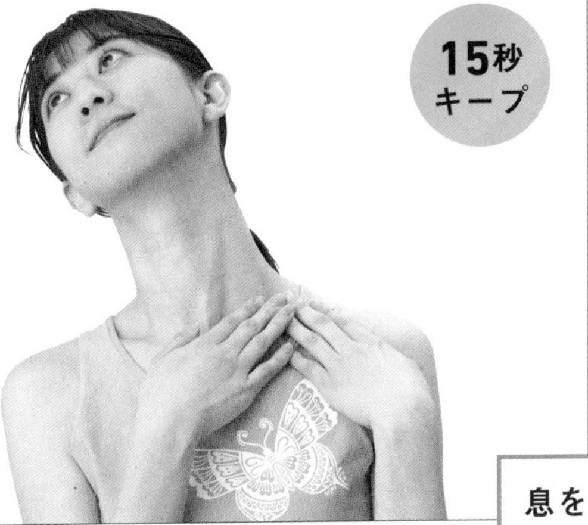

2 斜角筋ストレッチ

両手で左の鎖骨の上を押さえ、首を右に曲げてから後ろに曲げて15秒キープします。同様に右の鎖骨も行います。

point

息を吐きながら
筋肉が伸びているのを感じながら、ゆっくりと息を吐くことで、より筋肉をゆるめます。

3 後頭下筋ストレッチ

頭の後ろで手を組んであてます。あごをぐっと引き、同時に手で頭を前へ押し、15秒キープします。

◀◀◀ 次のページへ続く

STEP 3 肩甲骨トレーニング

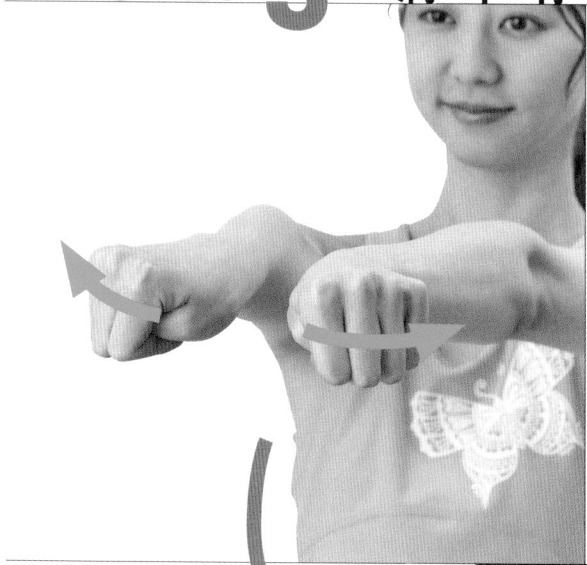

1 親指を内側に入れてこぶしを作り、手首を外側に向けます。

20回
2セット

point

土台を整える

ストレートネックの人は、肩甲骨と胸まわりの筋肉がかたくなりがち。ここをゆるめることで、土台がしっかりして、首の位置が戻りやすくなります。

2 首を正しい位置に戻し、腕を後ろに20回まわします。少し休んだら、同様にもう1セット行いましょう。

STEP 4 後頭下筋トレーニング

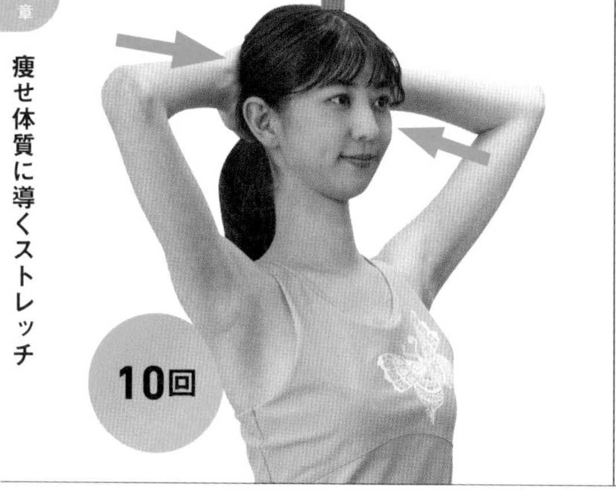

1 頭の後ろで手を組んであて、首をぐっと前に出します。

2 首の位置を後ろに戻し、このとき手で首を後ろから押して、軽く押し合う状態にしながら、首の位置をまっすぐ戻します。10回くり返しましょう。

STEP 5 姿勢矯正トレーニング

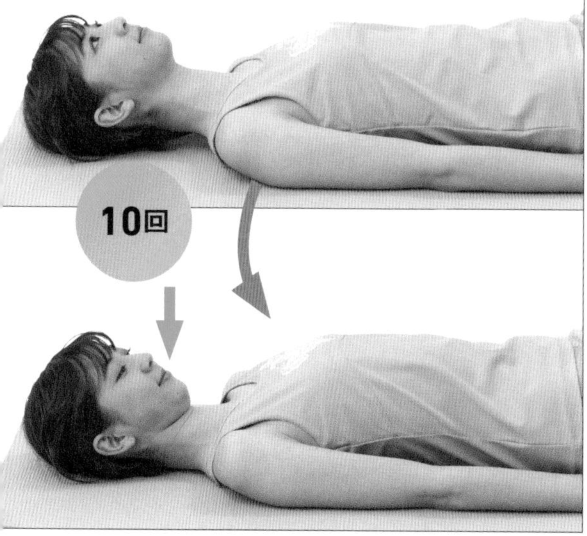

仰向けになり、あごを引いてから、戻すのを10回行いましょう。息を吐きながら行うと効果的です。

首こり解消 エクササイズ

ストレートネックやうつむきがちな姿勢が続くと首こりに。
太りやすくなるだけでなく、老け顔にも拍車がかかるので、こまめにほぐしましょう。

首こりは太るだけでなく、
老け顔を招く原因にも!!
老!!

首がこる

↓

リンパが滞り
老廃物がたまる

↓

代謝が落ちる

↓

筋肉がさらに
かたくなる

↓

**顔がたるみ、
シワができる**

首はこりやすい部分

人間の頭は約5kgあり、それを支えている首はこりやすい部分。スマホやパソコンで前傾姿勢が続く現代人にとって、首こりの解消は必須です。

STEP 1 指のツボ押し

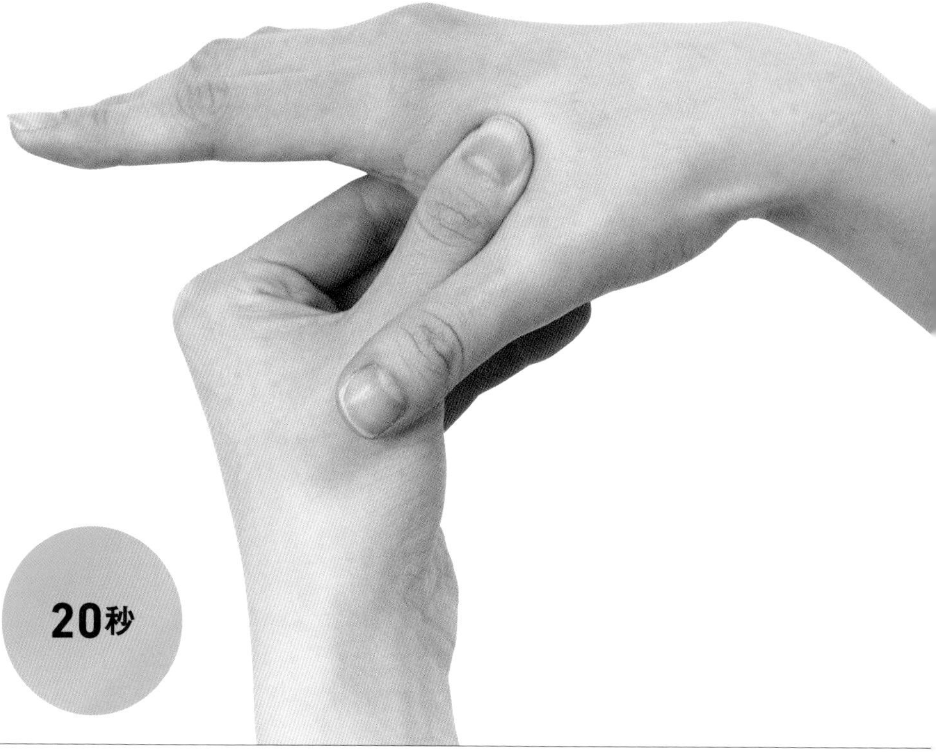
20秒

右手の親指と人差し指の間にある「合谷《ごうこく》」に左手の親指をあてて、20秒圧迫します。反対側も同様に行います。

合谷を押してから
首をまわすと、
少しラクに
なりませんか？

◀◀◀ 次のページへ続く

ツボの位置

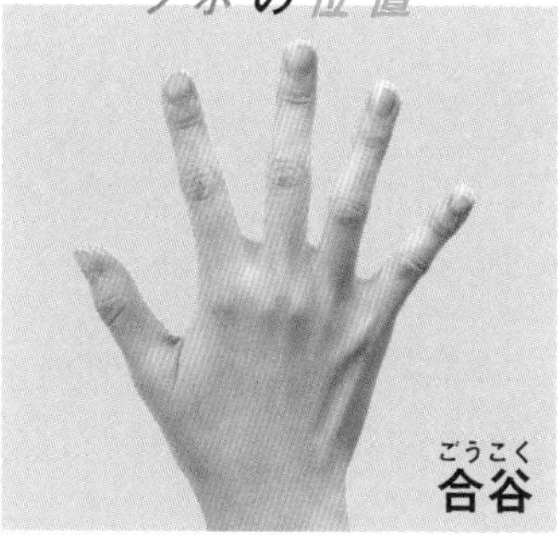
合谷《ごうこく》

手の甲を上にし、親指と人差し指の骨が交差した部分から、人差し指へ向かって押していき、痛みを感じるくぼみ。

STEP 2 腕のツボ押し

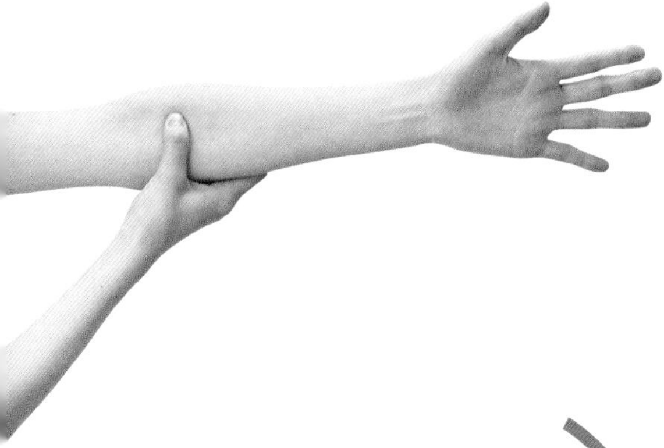

1 左手を伸ばし、ひじの内側の真ん中から指2本分手のひら側のあたりに右手の親指をあて、圧迫します。

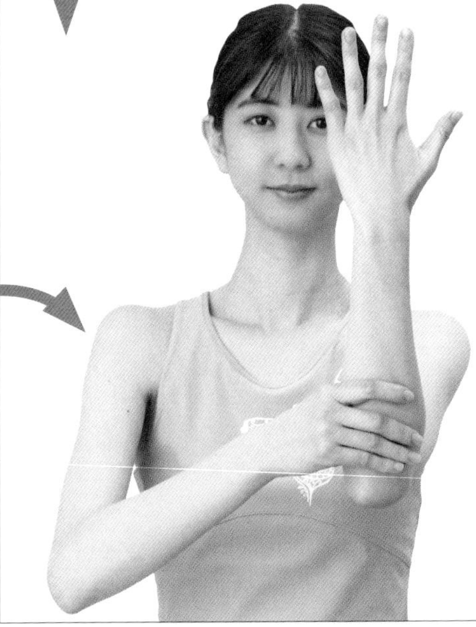

2 左手のひじを90度に曲げましょう。

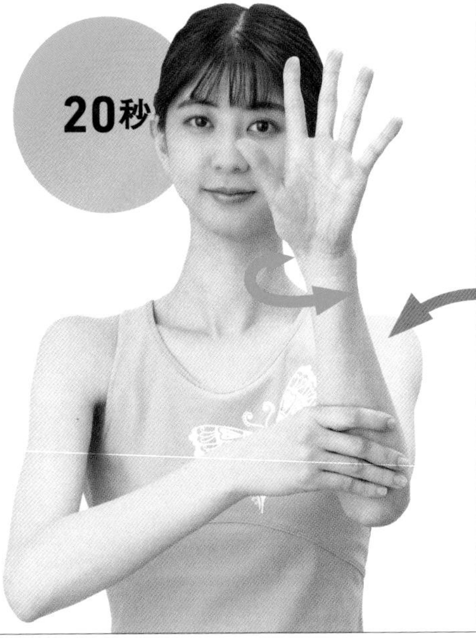

3 手のひらを表裏にくるくるまわすのを、20秒行います。反対の手も同様に行います。痛気持ちいい感覚で行うのがポイントです。

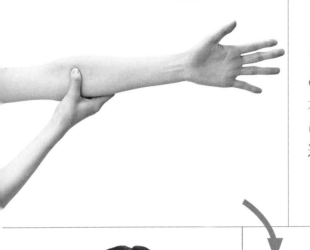

STEP 3 前腕のツボ押し

20秒

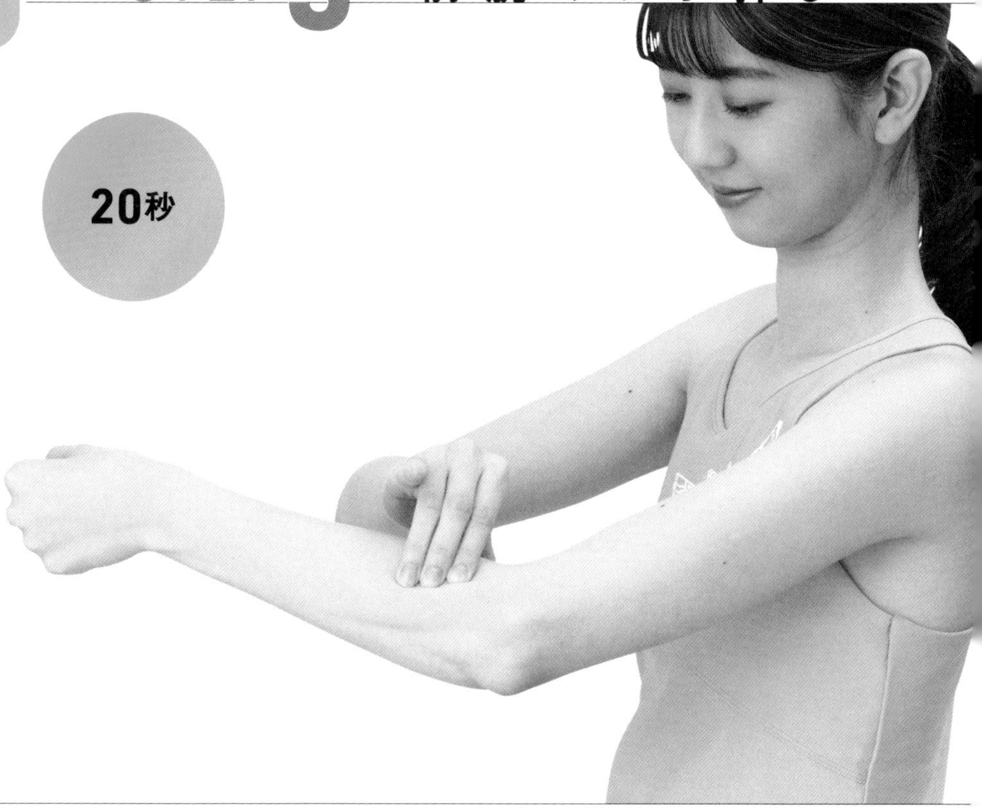

右手で左腕をつかみます。人差し指、中指、薬指の3本は上のほうに、親指は下のほうにあてます。つまむように20秒押しましょう。反対側の手も同様に行います。

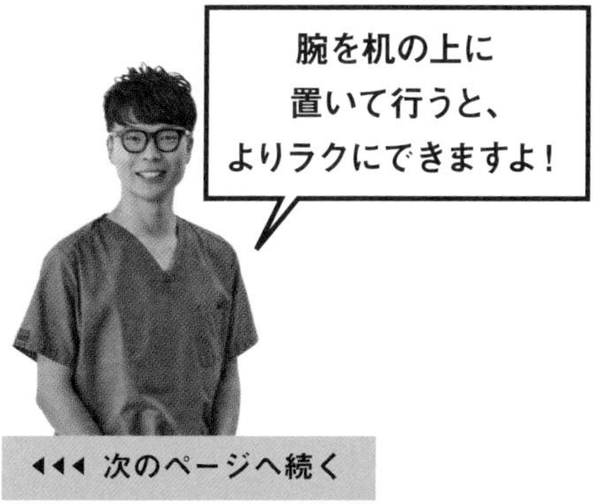
腕を机の上に
置いて行うと、
よりラクにできますよ！

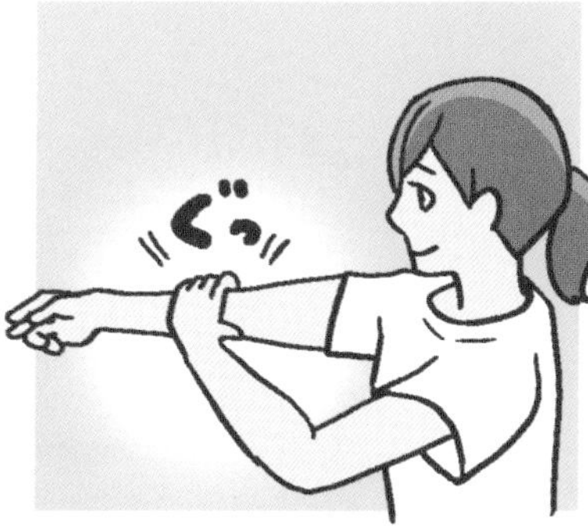
ぐっ

伸ばした腕の側面をぐっと押すイメージです。

◀◀◀ 次のページへ続く

STEP 4　首の皮膚はがし

1 鎖骨から少し下の胸のあたりの皮膚をつまみ、5秒キープします。指1つ分位置を上げ、同様に5秒つまみます。

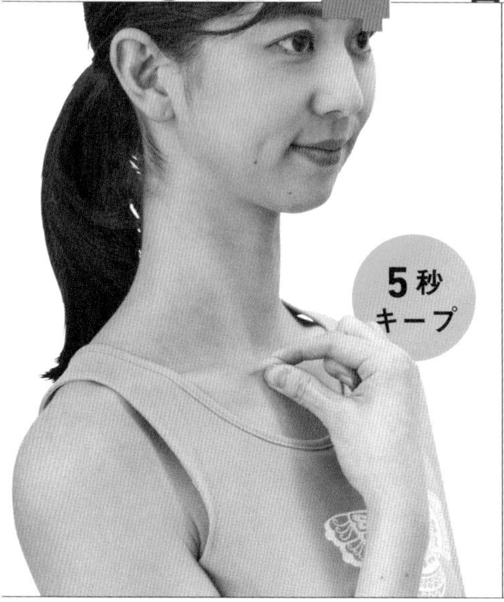

2 指を鎖骨の上部分に移動させ、同様に皮膚を5秒つまみます。

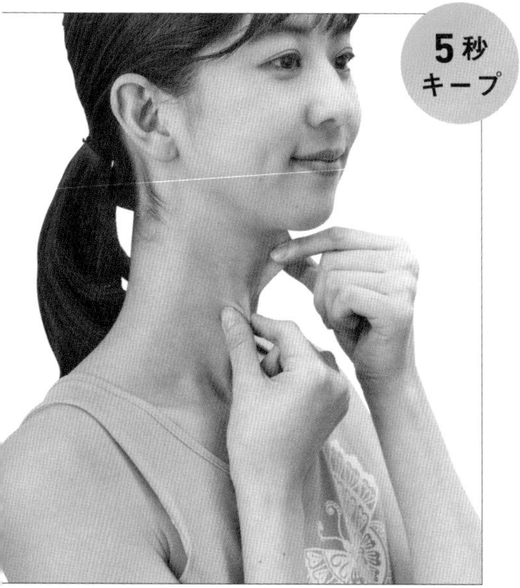

3 同様に、首の前側の皮膚も5秒つまみます。

point

イメージしながら

骨に癒着している筋肉をはがすようなイメージで皮膚を持ち上げて引っ張ります。

STEP 5 首・肩のリンパ流し

1 親指を内側に入れてこぶしを作り、手首を外側に向けます。

できる人は
3～4セットしても
OK！

20回
2セット

2 首を正しい位置に戻し、腕を後ろに20回まわします。少し休んだら、同様にもう1セット行いましょう。

巻き肩・猫背解消
ストレッチ

巻き肩や猫背は、呼吸が浅くなったり血流が悪くなったりする原因に。
普段から姿勢の悪い人は、痩せるために巻き肩・猫背解消ストレッチを行いましょう。

STEP 1 鎖骨下筋ほぐし

20秒

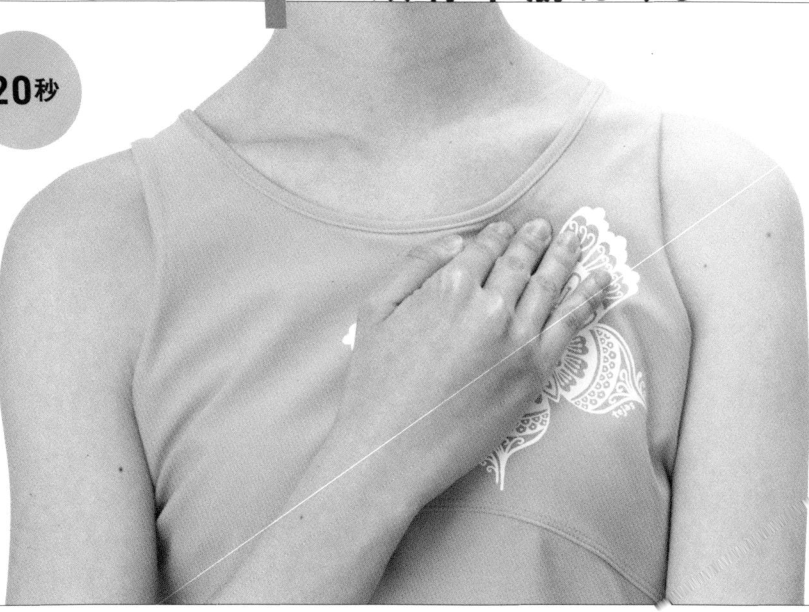

左鎖骨の下に右手の指をあて、ぐりぐりと20秒ほぐしましょう。息を吐きながら行います。同様に反対の鎖骨も行います。

鎖骨下筋が
かたくなることで
猫背になりやすくなるので、
しっかりほぐして！

ココに効く！

▶**鎖《さ》骨《こつ》下《か》筋《きん》**
胸骨から鎖骨の下にある深層筋。

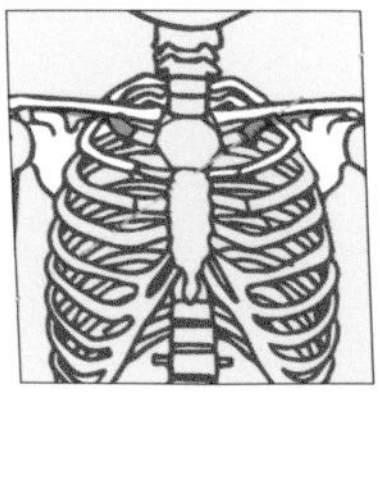

STEP 2 肋間筋ほぐし

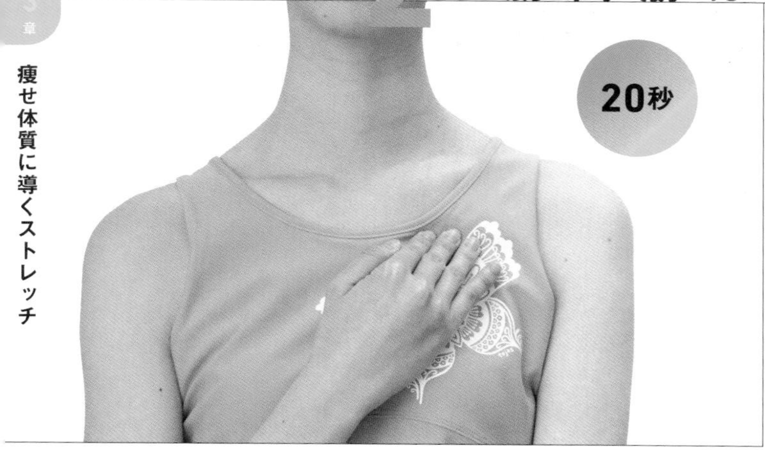

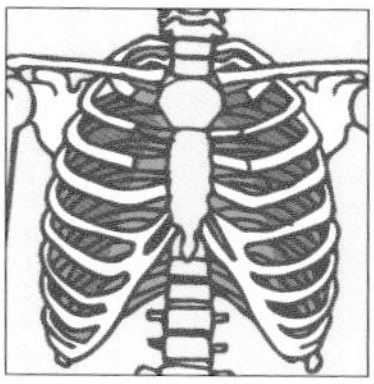

▶肋間筋《ろっかんきん》
肋骨の間にある筋肉で、呼吸運動などに使われます。

鎖骨のすぐ下に肋骨があります。肋骨のひとつ目と2つ目の骨の間に指をあて、ぐりぐりと20秒ほぐします。反対側も同様に行います。

STEP 3 小胸筋ほぐし

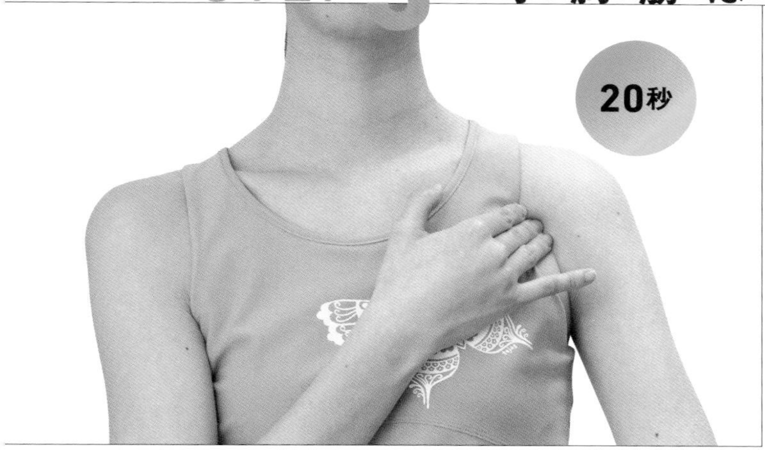

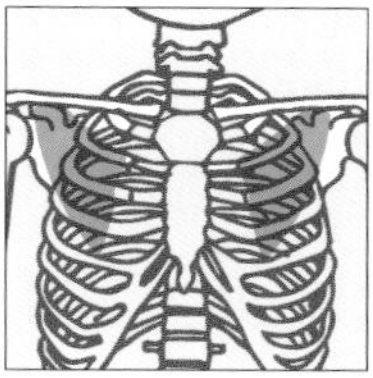

▶小胸筋《しょうきょうきん》
肩から胸にかけて斜めに入っている筋肉です。

左脇の上あたりにある出っ張り（烏口突《うこうとっ》起《き》）のすぐ下に、右手の指をあてます。ぐりぐりと20秒ほぐしましょう。反対側も同様に行います。

◀◀◀ 次のページへ続く

STEP 4 手～胸ストレッチ

1 右手の指先を下に向け、手のひらを壁につけます。体を左にひねりましょう。胸のあたりが伸びることを意識し、20秒キープします。反対側も同様に行います。

2 右手のひらを上にし、小指を壁にあてます。腕を伸ばして体を左にひねって20秒キープしましょう。反対側も同様に行います。

STEP 5 菱形筋筋トレ

20秒キープ

脇にひじをあて、手のひらを上に向けます。肩甲骨の内側にぐっと力を入れるのを意識しながら、腕を後ろに引いて20秒キープしましょう。

point

顔を上に向けてもOK

顔を少しだけ上に向けて行うと少しラクにできます。また、力を入れるときに息を吐きながら行うのも効果的です。

◂◂◂ 次のページへ続く

STEP 6 僧帽筋下部筋トレ

1 手のひらを体に向けてひじを曲げます。

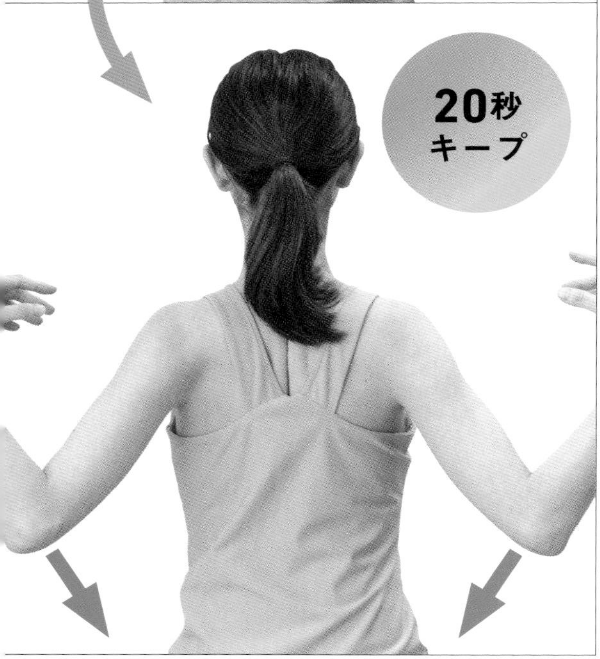

2 肩甲骨の内側にぐっと力を入れながら、腕を外側の下へ引いて20秒キープしましょう。

STEP 7 肩甲骨筋トレ

1 親指を内側に入れてこぶしを作り、手首を外側に向けます。

point

無理はせずに！
気持ちいいと感じる程度に行いましょう。痛みが強ければやめても構いません。

2 首を正しい位置に戻し、腕を後ろに20秒まわします。少し休んだら、同様にもう1セット行いましょう。

五十肩解消 エクササイズ

肩こりが慢性化すると、肩関節が痛み、関節の動きが悪くなる五十肩につながります。腕や鎖骨まわりにアプローチして徐々にほぐしましょう。

STEP 1 手のツボ押し

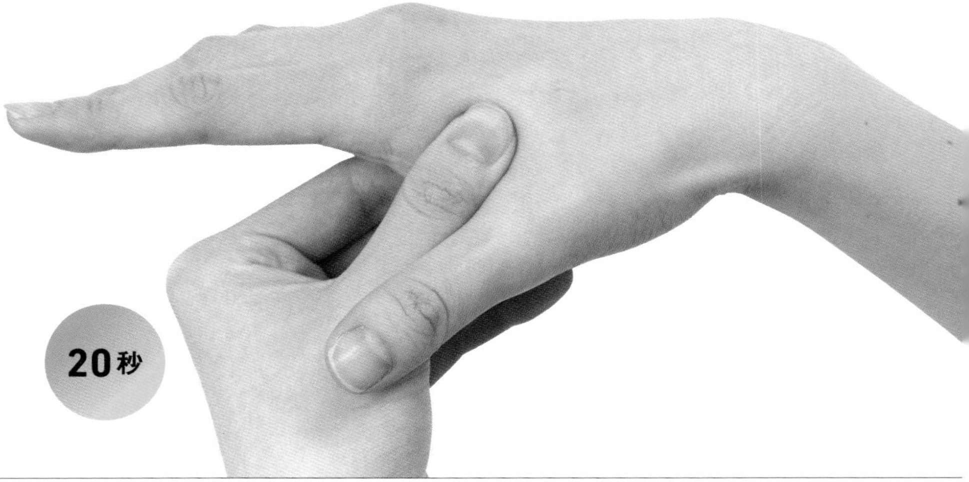

右手の親指と人差し指の間にある「合《ごう》谷《こく》」に左手の親指をあてて、20 秒圧迫します。ぐりぐりと押してマッサージしましょう。反対側も同様に行います。

point

少し痛めに！

軽く押しただけでは効果が低いので、ぐりぐりと強めに押しましょう。少し痛みを感じるくらいが理想的です。息を吐きながら行うと効果アップ。

ツボの位置

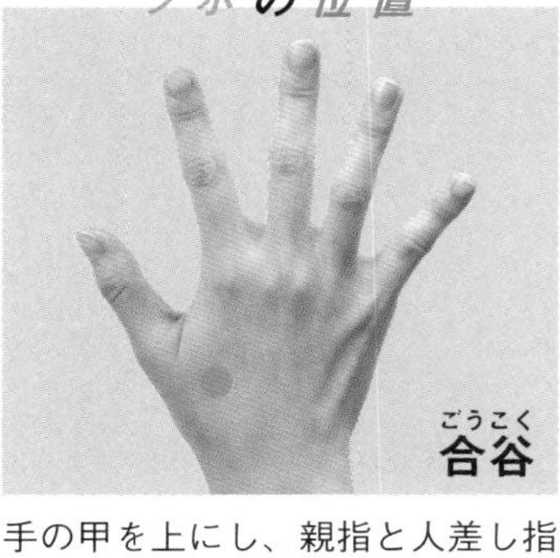

手の甲を上にし、親指と人差し指の骨が交差した部分から、人差し指へ向かって押していき、痛みを感じるくぼみ。

STEP 2 長掌筋マッサージ

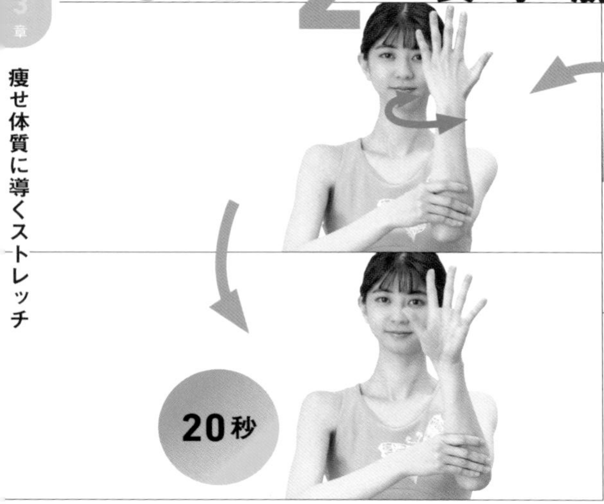

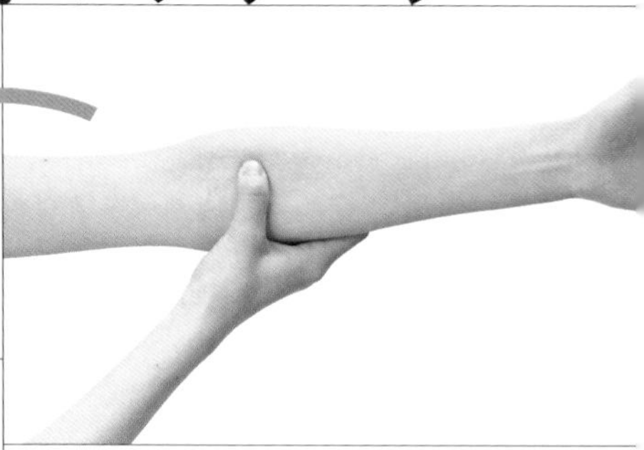

1 左手を伸ばし、ひじの内側の真ん中から指２本分手のひら側のあたりに右手の親指をあて、圧迫します。

2 左手のひじを90度に曲げます。手のひらを表裏にくるくるまわすのを、20秒行います。反対の手も同様に行います。

point
肩が上がりにくい人は、1日２～3セット行ってもOK

STEP 3 腕つまみマッサージ

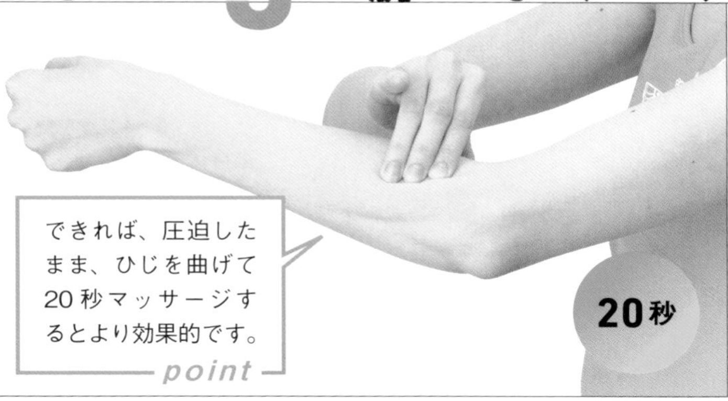

point
できれば、圧迫したまま、ひじを曲げて20秒マッサージするとより効果的です。

右手で左腕をつかみます。人差し指、中指、薬指の３本は上のほうに、親指は下のほうにあてます。つまむように20秒押しましょう。

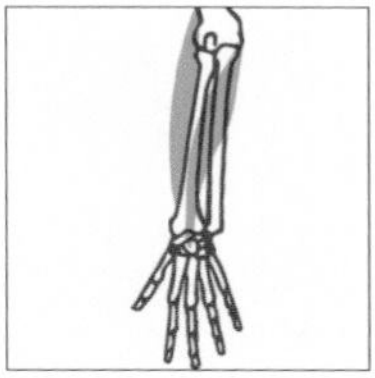

▶**腕橈骨筋《わんとうこつきん》／浅指屈筋《せんしくっきん》**
上腕から手首にかけてつながっている筋肉です。

◀◀◀ 次のページへ続く

STEP 4　上腕筋間中隔マッサージ

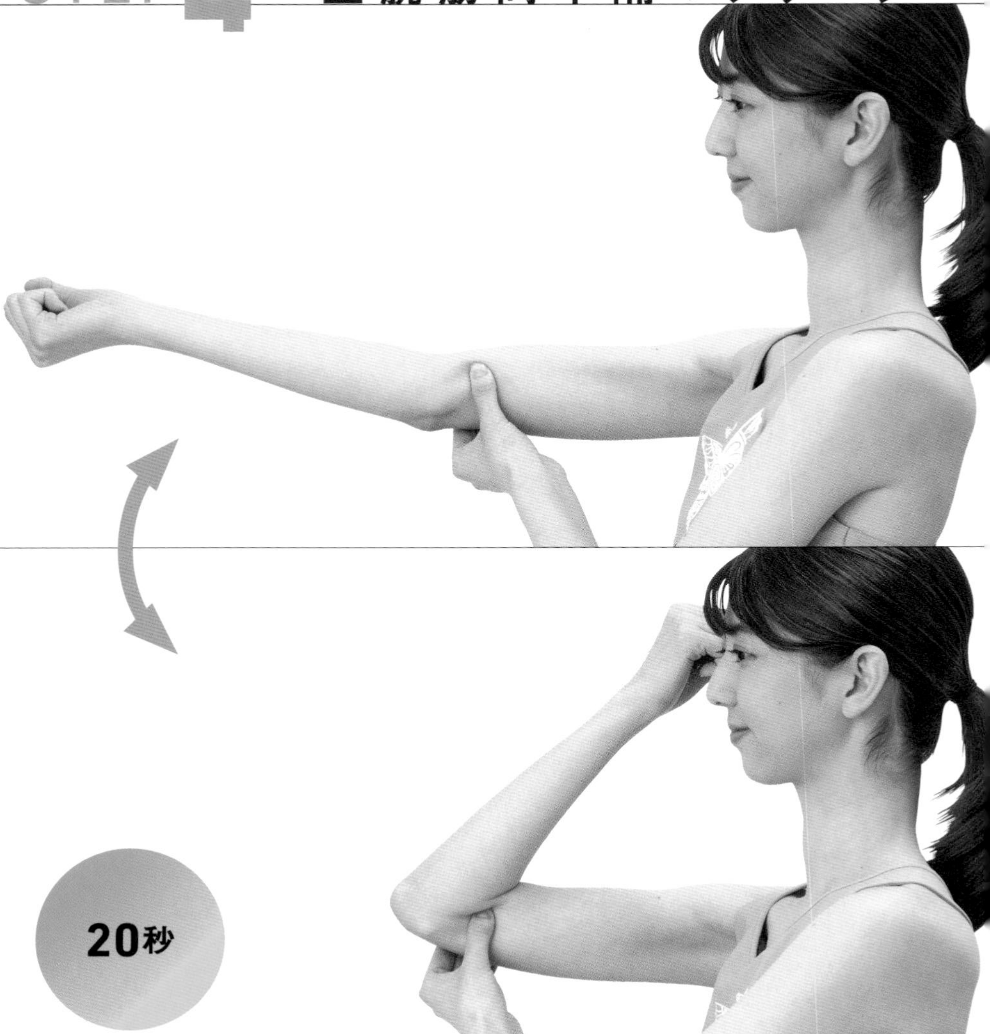

右腕を伸ばし、ひじの内側にあるぽこっとした骨のすぐ上を、左手の親指で圧迫して持ちます。圧迫したまま、右腕を20秒曲げ伸ばししましょう。反対側の腕も同様に行います。

STEP 5 肩甲下筋マッサージ

1 左脇の溝の下部分を、右手の親指をあてててつかみます。

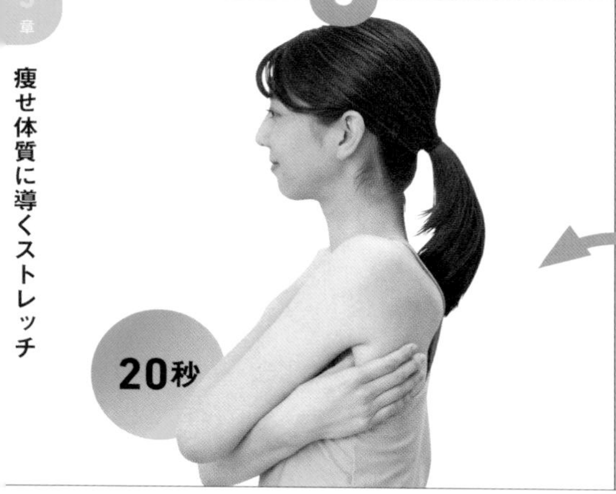

2 親指で圧迫しながら、左手を下げます。残りの4本で肩甲骨の外側を持ち20秒マッサージしましょう。反対側も同様に行います。

STEP 6 肩甲下筋エクササイズ

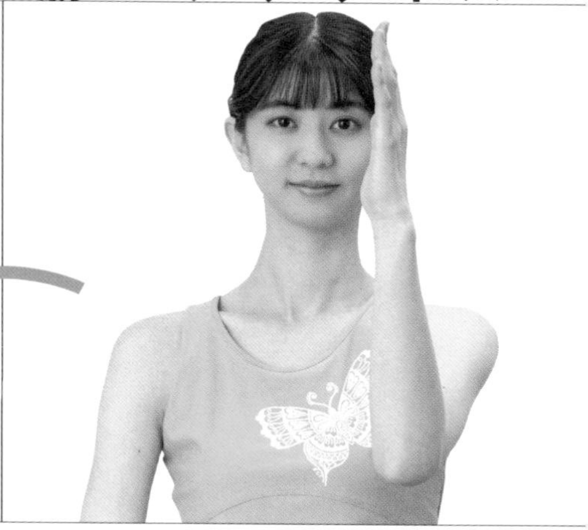

1 左腕のひじを90度に曲げ、手の平が右を向くようにします。

point
腕を倒すのは、
できるところまで
で構いません。

2 息を吐きながら、20秒かけて腕を右側に倒していきます。右手で上から押さえるようにしても構いません。反対側も同様に行います。

背中の張り解消 ストレッチ

背中は普段動かさないため、筋力が落ちやすく脂肪がつきやすい部位。筋肉が張っている人は、ストレッチでゆるめましょう。

STEP 1 首～背中ストレッチ

1 足を伸ばして座り、背筋を伸ばします。足先は上を向けましょう。

point

首から胸にかけて伸びているのを意識しましょう。

2 手をひざ下あたりにあて、息を吐きながら、頭を前に倒して体を丸めて20秒キープします。

STEP 2 肩甲骨～背中ストレッチ

1 いすに座り、背中を伸ばして頭の後ろで手を組みます。

2 そのまま、頭を前に倒します。

3 頭を前に倒したまま、上半身を右に倒します。

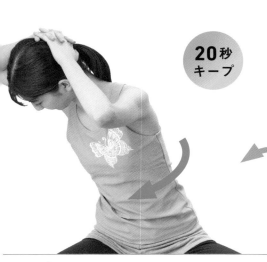

4 体をひねり、20秒キープしましょう。背中が伸びるのを意識します。同様に反対側も行います。

◀◀◀ 次のページへ続く

STEP 3　脇～背中ストレッチ

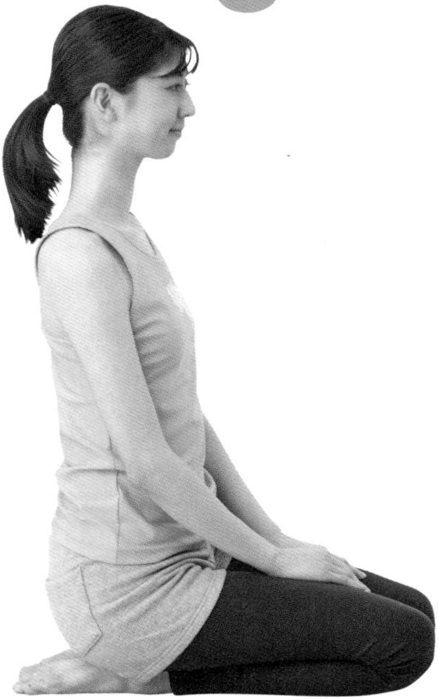

1　背筋を伸ばして正座をします。

20秒キープ

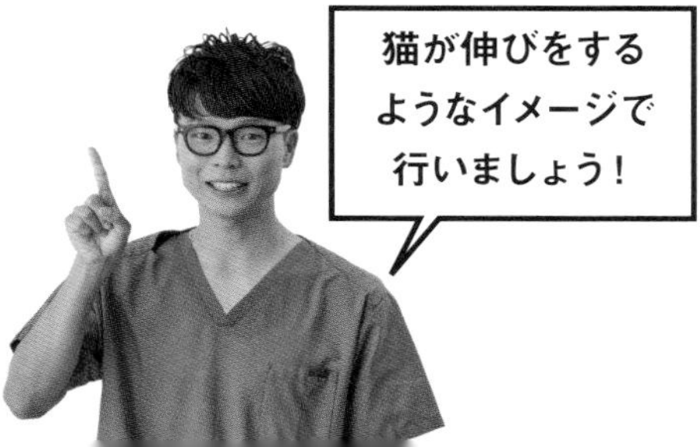
猫が伸びをするようなイメージで行いましょう！

2　手のひらを上に向けて、上体を倒しながら腕を前に出していき、止まったところで20秒キープします。お尻を突き出し、脇から背中が伸びるのを意識しましょう。

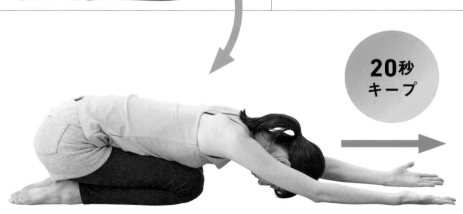

STEP 4 腰～背中ストレッチ

20秒キープ

四つん這いになり、かかとが上がるようにつま先を立てます。右手で右のかかとを触り、20 秒キープしましょう。息を吐きながら行います。反対側も同様に行います。

point

上半身をひねる

かかとを触るときに、上半身を少しひねり、腰まわりが伸びるのを意識すると効果的です。

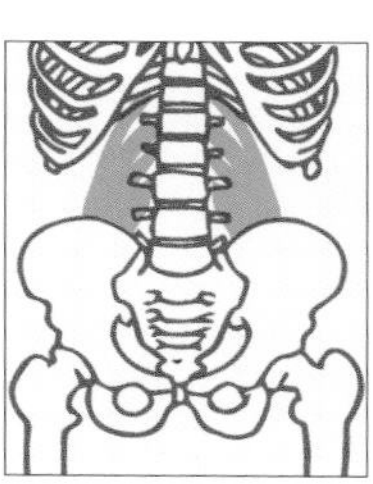

▶腰方形筋《ようほうけいきん》

骨盤と腰椎、肋骨にわたってついている筋肉。姿勢保持に関わります。

◀◀◀ 次のページへ続く

STEP 5　首～肩甲骨ストレッチ

1　いすに座り、手のひらを外側に向けて腕を伸ばします。

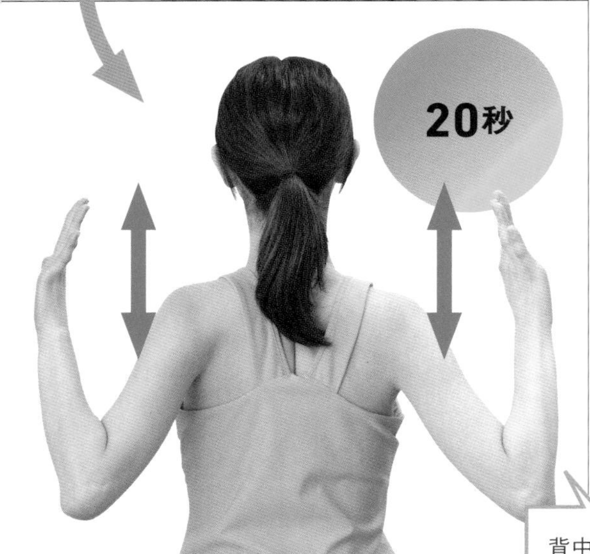

2　ひじを曲げて手のひらを外に開き、背中に力を入れて、肩甲骨を引き寄せます。腕を伸ばして背中へ引き寄せるのを20秒くり返します。

point

背中をぐーっと引き寄せて肩甲骨を動かし、背中をほぐします。

STEP 6 腰～背中エクササイズ

1 背筋を伸ばしていすに座り、腰のあたりで両手を組みます。

20秒
point
手を後ろに上げるとき、背中が曲がらないようにしましょう！

2 組んだ手をひらを返し、ぐっと後ろに上げて戻すのを、20 秒くり返します。

STEP 7 背骨リセット

20秒
キープ

うつ伏せになり、手の指先が体を向くように床について上体を持ち上げます。顔を少し上に向け、背中が伸びるのを意識しながら、20 秒キープします。

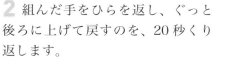

痩せ体質になってきたら!!

痩せ細胞活性化エクササイズ

腹筋100回よりも
痩せますよ！

上半身のコリを解消して痩せ体質になったら、
体重減少に効果的なエクササイズを行いましょう。

STEP 1・2 足指〜すね筋トレ

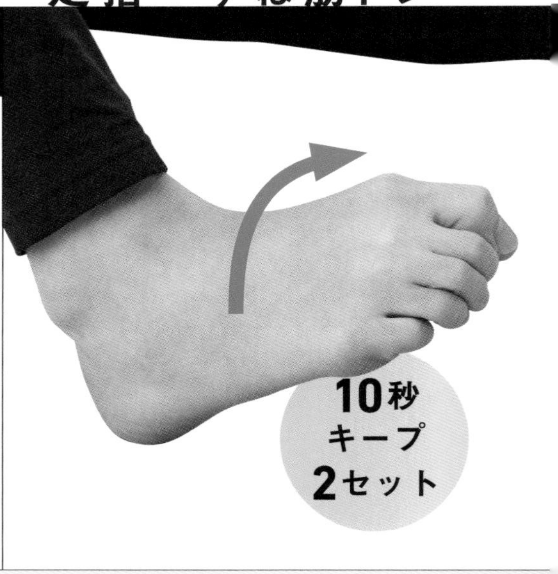

1 床に座り、足の指に力を入れてギューッと握ります。そのまま親指の方向へ足を曲げて10秒キープします。2セット行いましょう。

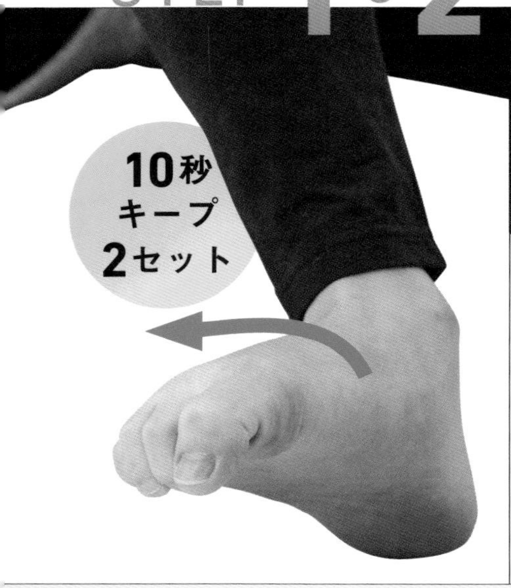

2 床に座り、足の指に力を入れてギューッと握ります。そのまま小指の方向へ足を曲げて10秒キープします。2セット行いましょう。

point

力を入れる部分を意識して

内側に曲げるときは土踏まずに、外側に曲げるときはすねの外側に力を入れるのを意識しましょう。

STEP 3 内もも筋トレ

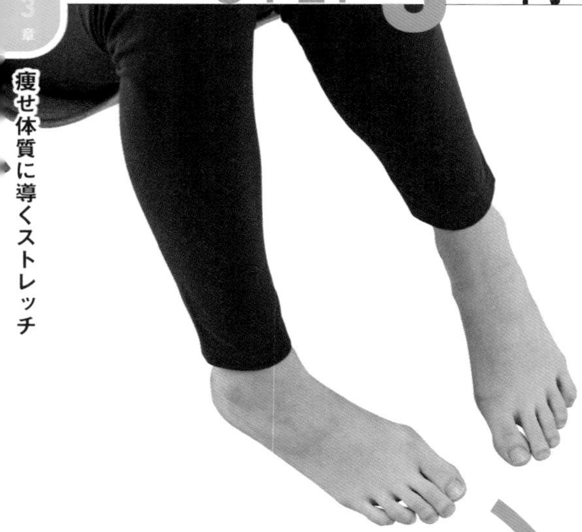

1 ひざを立てて仰向けになり、足を内股にします。

point
太ももの内側に力が入るのを意識しましょう。

10秒
キープ
2セット

2 手のひらが頭のほうを向くようにしてひじを曲げ、ひじで床を押します。この状態でお尻を上げて、10秒キープします。2セット行いましょう。

◀◀◀ 次のページへ続く

STEP 4　内もも～お尻筋トレ

1　P101と同様に、ひざを立てて仰向けになり、足を内股にします。ひじを曲げてお尻を上げます。

10秒

2　足踏みをするように、足を左右交互に持ち上げます。10秒行いましょう。足を持ち上げる高さは、できる範囲で構いません。

STEP 5　肩甲骨内側筋トレ

**10秒
2セット**

point

肩甲骨と肩甲骨の間に力が入っていることを確認しましょう。

仰向けになり、ひじを曲げて床につけます。お尻は上げずに、胸だけを上げて10秒キープしましょう。2セット行います。

STEP 6　体幹筋トレ

**10秒
キープ
2セット**

1　横向きに寝て、ひざは90度に曲げます。右手で頭を支え、左手は手のひらを上にして伸ばします。

2　頭と股関節を近づけるイメージで、頭を持ち上げ10秒キープするのを、2セット行います。反対側も同様に。

◀◀◀ 次のページへ続く

STEP 7 肩甲骨内側筋トレ

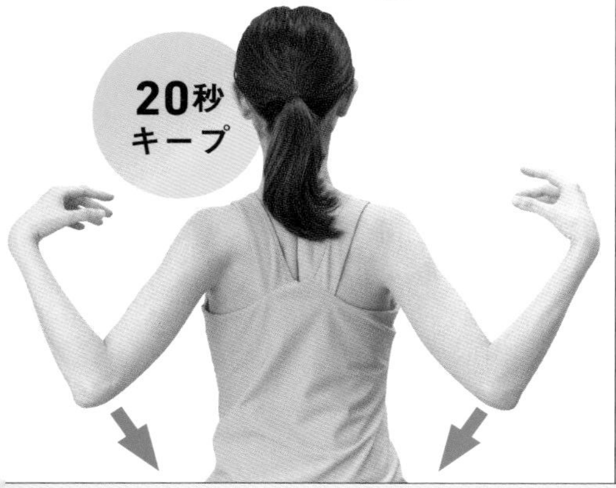

2 肩甲骨の内側にぐっと力を入れるのを意識しながら、腕を外側の下のほうへ引いて20秒キープしましょう。

1 手のひらを体に向けてひじを曲げます。

STEP 8 指～前腕筋トレ

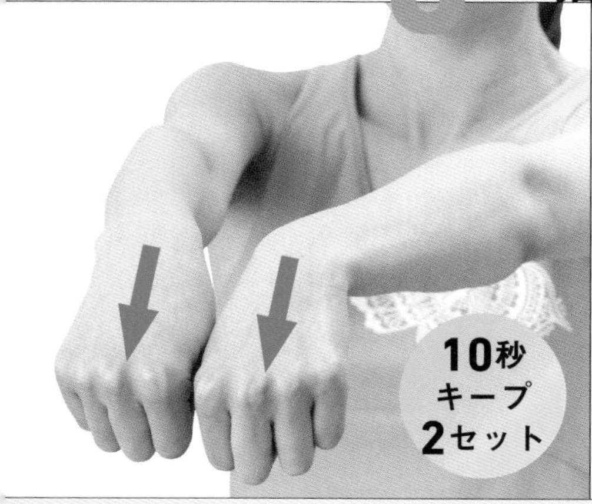

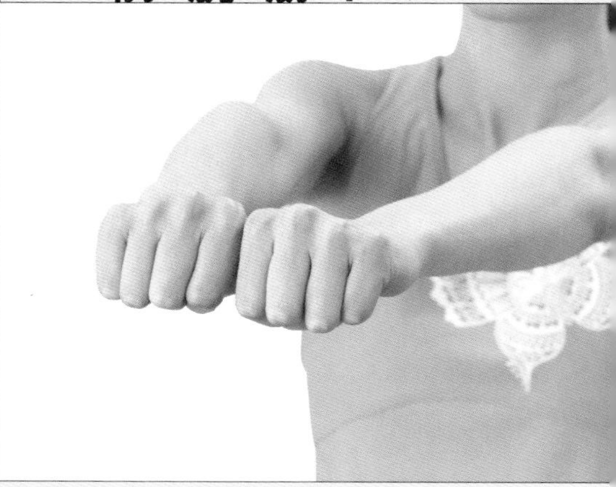

2 こぶしを下に向け、腕に力が入るのを確認しながら10秒キープします。2セット行いましょう。息を吐きながら行うと効果的です。

1 こぶしを作り、腕を伸ばして前に出します。

STEP 9　前腕～肩甲骨筋トレ

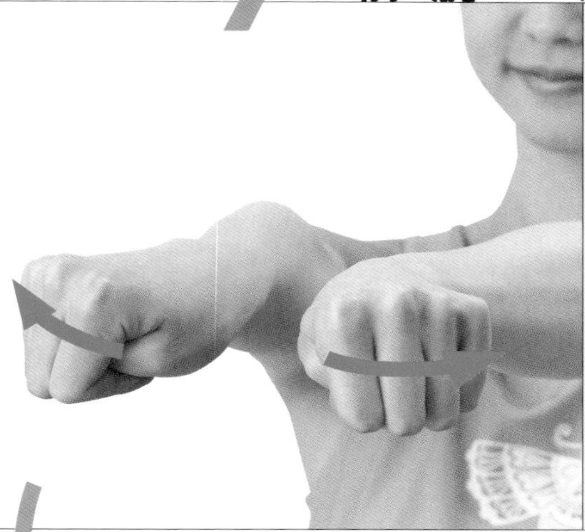

1 親指を内側に入れてこぶしを作り、手首を外側に向けます。

20回
2セット

2 首を正しい位置へ戻し、腕を後ろに20回まわします。少し休んだら、同様にもう1セット行いましょう。

STEP 1～9まで行うと、
全身がポカポカしませんか？
痩せ細胞が活性化した
証拠ですよ！！

太っていることを受け入れるとデメリットばかり！

column

病気のリスクだけでなく、家計や美容にも悪影響

「どうせ痩せられない」「太っててもいいや」と、太っていることに妥協してしまう人もいるでしょう。自分の体型を受け入れて、現状を把握するのはよいことですが、妥協するのはよくありません。太った状態を放置する期間が長ければ長いほど、デメリットが多くなるのです。

まず、肥満は糖尿病や高血圧などの病気のリスクにつながります。中高年になるとひざ痛や関節痛などを招く恐れもあります。病気の症状が出始めると、より外出や運動がおっくうになり、痩せることが一層難しくなります。また、太っているということは、食べることが好きだったり、暴飲暴食をしていたりする可能性も。痩せている人よりも食費がかかりますし、それが何年もとなると、家計にも響いてくるでしょう。外見も、一度太り過ぎると、そのあと痩せたとしても、皮膚がたるんで老けて見えます。

このように、太っている状態を放置することは、デメリットばかり。今の体の状態に妥協せず、痩せるためにひとつでもよいので何か始めることが大切です。本書のストレッチを行うのもおすすめですし、第4章で紹介する食事のとり方や、生活の中でできることを取り入れてみてください。痩せやすい体のサイクルを作ることで、病気のリスクが下がり、食費を抑え、若々しさの維持など、メリットばかりの体になっていくはずです。

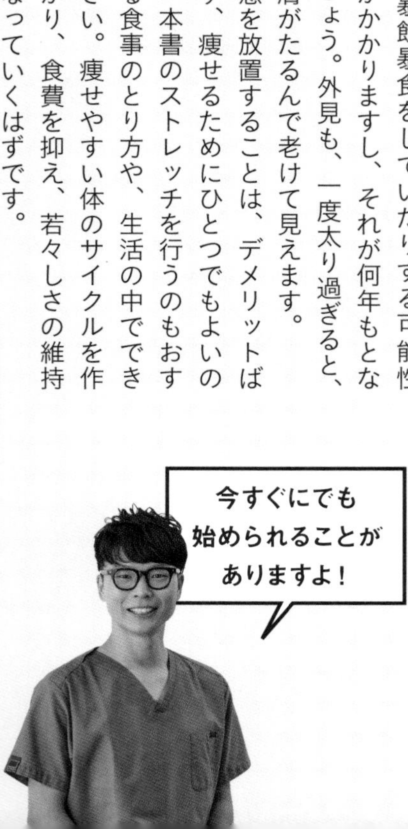
今すぐにでも
始められることが
ありますよ！

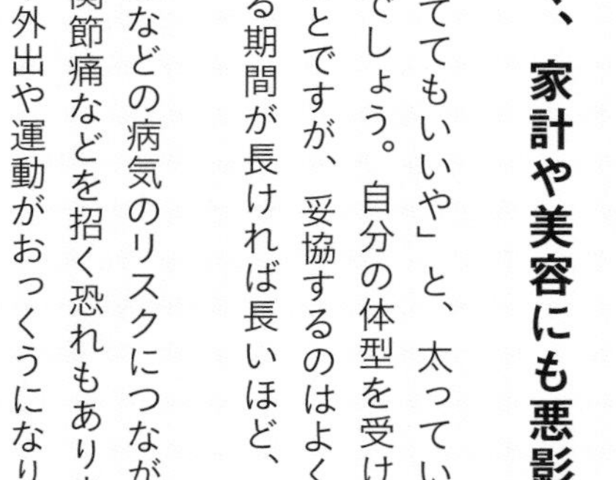
だいたい友達!!
貧
肥満
病

第4章

痩せ体質へ導く10の新習慣

痩せ体質を作る新習慣①

食事の30分前に水を2杯飲む!

胃酸が薄まると消化が悪くなり太る要因に

食事の直前、または食事中に水やお茶を飲んでいる人は、胃酸が薄まり消化が悪くなります。今すぐにやめましょう。水分補給で大切なのは、食事の30分前に水を2杯程度飲むことです。胃酸が薄まることがないだけでなく、事前に水分をとっておくことで空腹感も抑えられるので、おのずと食べ過ぎを防止できます。

水は常温がおすすめ。体を冷やす冷たい水は避けましょう。また、水の代わりに炭酸水にするのも◎。食欲抑制になり痩せやすくなります。

水分摂取のポイント

POINT1
とくにおすすめなのは炭酸水

胃が膨らみ食欲を抑制

炭酸水を飲むことで、胃が膨らみ満腹感を得られるので、食べ過ぎを抑える効果が期待できます。水よりも満腹度が高いのでおすすめ。

POINT2
お茶ならノンカフェインを選ぶ

刺激が少なく安心

水のほかに、麦茶やコーン茶、ルイボスティーなどのノンカフェインの飲み物を選んでも◎。緑茶はカフェインが含まれるので控えて。

これはNG

× 甘いジュースを飲む

ジュースや炭酸飲料には多くの糖分が含まれているので、日常的に飲んでいると太ります。スポーツドリンクも注意。

× 食事中に水分をとる

食事中の水は胃酸が薄まる以外に、食べ物を流し込んでしまい噛む回数が減る要因にも。味噌汁などの水分で十分です。

痩せ体質を作る新習慣②

食事の直前に ギリシャヨーグルトを食べる

食後よりも食前に タイミングで食べ過ぎを防止

適度な筋肉をつけて痩せやすい体にするためには、食事でのたんぱく質摂取が欠かせません。そのためにおすすめなのが、ギリシャヨーグルト。水切り製法で作られるかためのヨーグルトで、一般的なヨーグルトとくらべて水分や乳清（ホエイ）が除かれているので、たんぱく質量が多いのが特徴です。また、腸内環境も整うので便秘の解消にも効果的です。

このギリシャヨーグルトを食事の前に食べると、食べ過ぎも防止できるのでおすすめ。

たんぱく質が豊富

糖質が少ない

腸内環境が整う

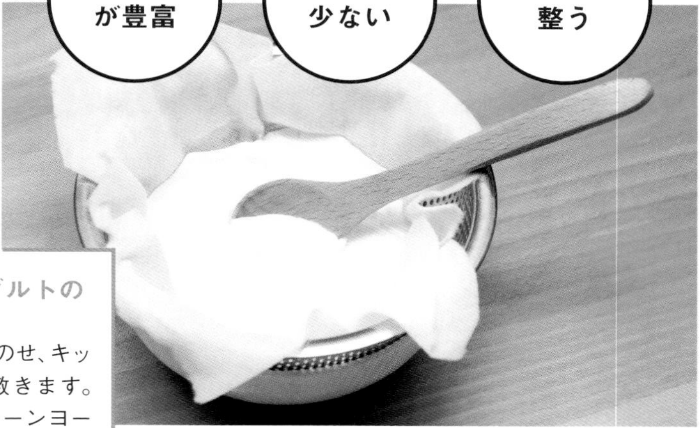

市販品でできる

ギリシャヨーグルトの作り方

容器の上にざるをのせ、キッチンペーパーを敷きます。そこに無糖のプレーンヨーグルトを入れ、ラップをかけて冷蔵庫に2～6時間おきます。水気が切れてかためのヨーグルトになれば完成。

一般的なヨーグルトから水分を除いて、手作りすることができます。糖質を減らすためプレーンのものを選びましょう。夜仕込んでおけば、朝食として食べられます。

ヨーグルトアレンジの注意

×ジャムをプラス

ジャムは砂糖が含まれているものが多いので、トッピングに組み合わせるのは控えましょう。

◎酢やブルーベリーをプラス

食べ飽きてしまう場合は、キウイ酢やリンゴ酢を加えたり、ブルーベリーをのせたりするのがおすすめ。

痩せ体質を作る新習慣③

朝食は高たんぱくなものを積極的に食べる

糖質を欲するのを防ぎ体をしっかり目覚めさせる

筋肉を作り代謝を高めるために、たんぱく質の摂取は大切です。また、たんぱく質を豊富にとると、糖質を食べたくなる欲求も抑えられます。１日のスタートの朝食では、高たんぱくな食材を意識してとるようにしましょう。

例えば、１１０ページで紹介したギリシャヨーグルトのほかに納豆や卵、魚の缶詰などを取り入れるのもおすすめです。しっかりと朝食をとることは、急激な血糖値の上昇を防ぐので、自律神経の安定にも効果的です。

朝食におすすめの高たんぱく食材

納豆は最高のバランス

高たんぱくなうえに、発酵食品でもある納豆は栄養満点。大豆イソフラボンも豊富で美肌効果もあるのでおすすめです。

さばの缶詰なら大満足

さばの水煮缶は、骨まで丸ごと食べることができ、良質な油も摂取できます。サラダや汁物に入れて食べるとよいでしょう。

さば缶のサラダは
食べやすくて
おすすめですよ！

これはNG

✕ 朝食抜きはかえって太る要因になる！

朝食で栄養を摂取しなければ、体のリズムが崩れます。基礎代謝が低下し、太りやすい体質になってしまうのでNG。

食事中に大事なのは何を食べるかより、食べる順番!

早食いする人はとくに太りやすい傾向に

栄養バランスのよい食事をしているのに痩せない人は、食べる順番やスピードを見直してみる必要があります。

ごはんなどの炭水化物から食べ始めると、血糖値が急上昇してしまいます。カロリーの低い野菜から食べるようにしましょう。サラダなどは自然とよく噛むため、唾液の分泌が促されて消化を助けます。

また、1口30回は噛むようにしましょう。ペースト状になるくらいまでゆっくり、しっかり噛むことで満腹中枢が刺激され、食べ過ぎを防げます。

おすすめの食べる順番

まずは野菜から！

1 野菜

栄養価が高く、カロリーの低い野菜を最初に。生野菜や根菜は、自然とよく噛むので消化がよくなります。

一品は必ず
たんぱく質を！

2 たんぱく質

満腹になる前に、肉や野菜などメインのたんぱく質を。血糖値がゆるやかに上がります。

3 炭水化物

血糖値を上げやすい炭水化物はあとから食べます。しっかり噛んで味わうようにしましょう。

4 デザートなど

果物などのデザートが食べたい場合は、食事の最後にして食べ過ぎないように注意しましょう。

早食いは
禁止です！

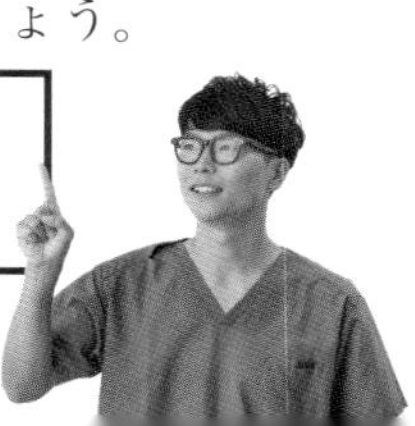

痩せ体質を作る新習慣⑤

抜かすのはダメ！毎食、主食（炭水化物）を食べる

炭水化物は脳や体を動かすエネルギーとなり自律神経を安定させる

血糖値を上げるから、太るからと、ごはんや麺類などの炭水化物を避けている人は、かえって太る要因になるのでやめてください。

主食を食べずに血糖値が下がった状態が続くと自律神経が不安定になり、太りやすい体質になります。また、炭水化物は脳や体を動かすエネルギーなので、毎食とるようにしましょう。ただし、量が多かったり、夜遅い時間に食べたりするのは太ります。量やタイミングには注意しましょう。

主食をとるときの注意点

注意1

ごはん量の多い丼は食べ過ぎるので注意

丼やパスタ、カレーなど、単品で食べる料理は、炭水化物量が多くなりがち。また野菜などが不足しているので避けて。

注意2

ラーメン定食などW糖質メニューは避けて

ごはんと麺、パスタとパンのように、炭水化物同士の組み合わせは確実に太ります。献立はバランスを考えて選びましょう。

炭水化物が気になるならGI値の低いものを

GI値とは、Glycemic Index(グリセミック・インデックス)の略で、食後血糖値の上昇度を示す指数です。GI値の低いものを選ぶと血糖値の上昇がゆるやかになるのでおすすめです。

	低い	高い
炭水化物	玄米 小麦全粒粉	パン 白米
野菜	葉野菜 きのこ	かぼちゃ じゃがいも
調味料	味噌 ウスターソース	上白糖 はちみつ

痩せ体質を作る新習慣⑥

プチ昼寝をして自律神経を休ませる

自律神経を休ませ痩せやすい状態にする

自律神経のうち、日中は交感神経が働きます。しかし、ずっと交感神経優位の状態が続くと、体が疲れてしまいます。そこでおすすめなのが、プチ昼寝をすること。

少しだけ目を閉じて眠ることで、自律神経をリラックス時の副交感神経に切り替えることができ、体を休めることができます。自律神経が安定するので、内臓の働きや血糖値のコントロールも安定し、痩せやすい状態になります。昼寝は15分程度が目安。少し体を休めることで、午後の仕事の効率も高まります。

仕事中にできる痩せケア

首〜頭を ゆっくりマッサージ

頭を包むように手をあててマッサージをすると、血流が改善し、頭がすっきりします。こりやすい首もマッサージしましょう。

崩れた姿勢を こまめに戻す

長時間座っていると、頭の重みで前傾、猫背になりやすくなります。一時間に一度は席を立ち、こまめに背筋を伸ばしましょう。

これはNG

長時間の昼寝は かえって逆効果になる

昼寝は寝過ぎると、夜の睡眠の質が下がったり、体のリズムが崩れたりします。長くても1時間以内にしましょう。

痩せ体質を作る新習慣⑦

食後10分以内に軽いエクササイズを

血糖値の上昇を抑え痩せやすくする

食後は血糖値が上昇するので、10分以内に軽いエクササイズを取り入れて上昇を抑えましょう。

食後に筋肉を動かすことで余った糖が使われ、血糖値が上がりづらくなります。

エクササイズといっても、息が切れるほどの激しい運動はNG。かえって消化吸収の働きを妨げます。エクササイズは家事をする程度でOK。おすすめなのは軽いスクワットです。太ももやお尻にある下半身の大きな筋肉を刺激するため、効率よく脂肪燃焼をすることができます。

ゆるスクワットで食後リセット

1～2分

壁に手をつく
無理のない程度にしゃがむ
下半身の筋肉を意識する

壁や家具に手をつきながら、ゆっくりと腰を落として戻します。深く曲げず、自分ができる範囲で軽く曲げましょう。1～2分行います。

※ひざに痛みのある人は、行わないでください。

食後リセットのメカニズム

運動する

↓

・エネルギーを消費
・血行がよくなる
・筋肉がついて代謝が上がる

↓

血糖値の上昇を抑える

↓

自律神経が整う

↓

痩せやすくなる

食後のエクササイズはいいことづくし

血糖値の上昇を抑える以外にも、血行がよくなり、自律神経が安定するなどの効果が期待できます。体がより痩せやすい状態になるのです。ただし、汗が出るほどの運動は逆効果なので避けましょう。

痩せ体質を作る新習慣⑧

7時間の睡眠でしっかり体を修復する

体を回復させ、痩せやすい体に導く

痩せるためには、自律神経の働きを正常化させるのが近道です。取り入れやすく効果的なのが睡眠時間の確保。毎日7時間は睡眠をとれるようにしましょう。

睡眠時は、副交感神経が優位になり、体を回復させるためのホルモンが分泌されます。そのうちのひとつ成長ホルモンには、脂肪を分解し、筋肉を発達させ、基礎代謝を高める働きがあります。

入浴の1時間後、温まった体が冷めてくる頃に布団に入ると、スムーズに入眠することができます。

質のよい睡眠のとり方

湯船に浸かる

シャワーだけでは体がしっかり温まらないので、湯船に浸かって体を温め、副交感神経を刺激しましょう。

スマホの明かりを避ける

スマホの明かりは、交感神経を刺激して眠りを妨げます。寝る前は部屋を暗くし、スマホは避けて。

首まわりをマッサージ

眠る前には首をまわしたり、頭を上下左右に動かしたりしましょう。コリをほぐすとリラックス効果が得られます。

朝は太陽の光を浴びる

起床時はカーテンを開けて日差しを浴びましょう。交感神経が刺激されて自律神経が整います。

スマホのブルーライトカット機能を使うのもおすすめ！

これはNG

お酒を飲むのは逆効果！

寝酒は肝臓が疲れるため、かえって睡眠の質を下げてしまいます。眠る直前の飲酒は避けましょう。

痩せ体質を作る新習慣⑨

ストレスをためない。なるべく避ける!

ストレス解消よりも避けることを意識する

ストレスがたまると暴飲暴食をしたり、イライラして自律神経が乱れたりと、痩せにくい状態になります。

ただ、現代社会においてストレスを完全に排除するのは難しいものです。ストレスを解消することよりも「ためない」ことを目指しましょう。

例えば、SNSやニュースから目に入るネガティブな情報を避けるようにする、うまくいかない人間関係から少し距離をおくなど。これらはちょっと意識するだけで簡単にできるので、ストレスを避けるように過ごしましょう。

ストレスをうまく避けるコツ

SNSを真に受けない

SNSなどを見て羨ましいと感じる気持ちは、自分を卑下することになり、ストレスを生みます。SNSはほどほどにしましょう。

嫌いな人とは距離をとる

避けるのは難しくても、少しだけ距離をおいてみる、会話を減らしてみるなど、できることをしてみましょう。

自分のコンプレックスを見過ぎない

コンプレックスは誰にでもあるもの。しかし、そこばかりを意識してはストレスがたまります。よい面に意識を向けてみましょう。

これはNG

ストレス解消が“食べること”は危険！

ストレスを解消するために、夜食を食べたり、お菓子を食べたりなど暴飲暴食に走るのは、太るのでやめましょう。

痩せ体質を作る新習慣⑩

週に2回以上は心拍数を上げよう

息が弾むくらいの運動を習慣にしよう

痩せるためには、ある程度の運動量も必要です。毎日でなくてもよいので、週に2回以上は、心拍数が上がる、少し息が弾む程度の運動を行うようにしましょう。

運動の内容はジョギングや筋トレなど、心拍数が上がれば自分好みのもので構いません。普段から運動習慣がなくて何をしてよいかわからないという場合は、左ページで紹介するような動きをしてみましょう。いきなり運動するとつらい人は徐々に行って、無理はしないようにしてください。

おすすめの心拍数上げ運動

階段を上がる

階段を5階くらいまで登ってみるのがおすすめ。心拍数を上げるのが目的なので、無理はせずに行います。

立ち上がり運動

腕立て伏せの体勢から、まっすぐに立ち上がるのを、ゆっくりでよいのでくり返し行いましょう。

1分間ジャンプ

その場で1分間程度ジャンプしてみましょう。高く飛び跳ねる必要はありません。

監修

「整体院 悠」院長

大山裕也

理学療法士、整体師、ファスティングマイスター。京都市伏見区で「整体院 悠」を経営。健康の本質、若返り、ダイエットに関する情報を YouTube や Instagram で発信しており、合計 70 万人以上のフォロワーから支持される。同業の治療家、月 40 名以上に技術や経営術などを指導している。YouTube チャンネル「ゆう先生のセルフ整体塾」では、健康や美容に関するセルフ整体を多数配信。痩せる体質に導く、丁寧なエクササイズの解説が好評。

STAFF

カバー	渡邊民人（TYPEFACE）
本文デザイン	谷関笑子（TYPEFACE）
編集制作	バブーン株式会社 （古里文香、相澤美沙音）
撮影	福田　諭
モデル	丹羽奏恵 （オスカープロモーション）
ヘアメイク	小林　孝（kokoschka）
イラスト	藤井昌子
衣装協力	tejas
写真協力	PIXTA

痩せ細胞を活性化！　首・肩ラク痩せストレッチ

2023 年 3 月 31 日　初版第 1 刷発行

著　者	大山裕也
発行者	角竹輝紀
発行所	株式会社マイナビ出版 〒 101-0003 東京都千代田区一ツ橋 2-6-3　一ツ橋ビル 2F TEL：0480-38-6872（注文専用ダイヤル） TEL：03-3556-2731（販売部） TEL：03-3556-2735（編集部） URL：https://book.mynavi.jp
印刷・製本	中央精版印刷株式会社

ISBN978-4-8399-8178-5
Printed in Japan